ケンブリッジ幻想

井原　宏

東京図書出版

はしがき

　本書『ケンブリッジ幻想』は、前著『横断人生はたのしくて面白い』の続編です。井原宏のケンブリッジ大学留学経験は、横断人生に踏み出す原点となりました。前著を執筆中の段階から、引き続いて本書を執筆することを考えていました。

　本書は、6つの章から構成されています。

　第1章は「ケンブリッジ大学とフィッツウィリアム・カレッジ」です。

　まず、宏が京都大学法学部卒業後、住友化学新居浜工場勤務になった間に、見合いをして、結婚することになった経緯が紹介されています。

　宏は、その後本社の外国部勤務中、ケンブリッジ大学に留学することが決まりました。妻純子、4歳の長男基、1歳の次男望も半年後にケンブリッジに来ることになりました。宏は、フィッツウィリアム・カレッジに所属し、大学院生として比較法研究課程において、イギリス会社法を専門とする指導教官の下で、論文を書くことになりました。

　井原一家は、カレッジから歩いて30分のところに借家を借りました。望が2階への階段を数段上がったところから下へ落ちて頭を打った一大事故が発生し、その後の経緯が書かれています。

　宏は、1年余りで論文を完成し、審査委員会の審査に合格し、Diploma 学位を取得しました。

　帰国後、宏は46歳の時に、京都大学の研修生になり、6年後に博士論文を書き上げ、博士論審査委員会で合格し、法学博士号を取得しました。

　これに自信を得て、大学教授に転身することを決意し、筑波大学社会人大学院の教授になりました。

第2章は「ケンブリッジから北方面」です。

　まず、井原一家は、ケンブリッジ駅からエディンバラ駅まで鉄道で行って、2泊しました。

　エディンバラの旧市街を東西にまっすぐ貫くメインストリートが「ロイヤル・マイル」で、西端にはエディンバラ城、東端にはホリールードハウス宮殿が位置し、その間約1マイルの石畳の一本道です。エディンバラ城、ホリールードハウス宮殿、そしてロイヤル・マイルは見応えがありました。

　オリヴァー・クロムウェルはハンティンドンに生まれ、その死後、王政復古によって、「王殺し」「簒奪者」と徹底的に貶められたが、19世紀に入ると、「英雄の一人として、また軍人としてのクロムウェルはわが国の歴史に一人二人を数えるだけである」と高く評価されました。一方、クロムウェルの死後結局王政に戻ったため、現在のイギリス人国民は彼を評価しない人も多く、数百年経った今も、類稀な優れた指導者か強大な独裁者か、歴史的評価は分かれています。

　イーリー大聖堂は、近接する都市ケンブリッジの大聖堂です。ケンブリッジは自前の大聖堂をもっておらず、イーリー主教座の管轄内にあります。主教座はケンブリッジシャーの3900 km^{2}の教区と、341軒の教会、61万人の信者（1995年）を抱えています。

　ストラトフォード・アポン・エイヴォンには、ロイヤル・シェイクスピア・カンパニーの劇場、ロイヤル・シェイクスピア・シアター、シェイクスピアの生家やニュー・プレイス、ナッシュの家をはじめとするシェイクスピアゆかりの家々が保存・公開されています。

　ヨーク大聖堂（ヨーク・ミンスター）は、イギリス、ヨークにあるイングランド国教会の大聖堂で、イングランド国教会ではカンタベリー大主教に次ぐ高位聖職者のヨーク大主教が管理する、ヨーク管区およびヨーク教区の主教座聖堂です。運営はヨーク・ミンスター主席司祭が行っています。

第3章は「オックスフォード大学」です。

オックスフォード大学は、イギリスの大学都市、オックスフォードに所在する総合大学です。11世紀の末に大学の基礎が築かれていることから、現存する大学としては世界で3番目に古く、英語圏では最古の大学であり、ケンブリッジ大学と共に「オックスブリッジ」としてイギリス最高峰の大学として並び称されています。

各種の世界大学ランキングで1位の大学に選ばれるなど、ハーバード大学、ケンブリッジ大学、マサチューセッツ工科大学、スタンフォード大学と共に世界トップ5大学として知られています。

カレッジは39あり、大学への入学はカレッジに認められなければならず、授与される学位も、学科での審査とカレッジの認証によって大学から与えられます。

第4章は「コッツウォルズ方面」です。

コッツウォルズは、イングランド中心部に広がる標高300m以上に達する丘陵地帯であり、時にイングランドの中心と呼ばれます。特別自然美観地区に指定され、クリーブヒルがこの丘陵地帯で最も高く、330mです。

チッピング・カムデンは、イングランド・グロスターシャー州のコッツウォルズにある小さなマーケットタウンです。ハイストリートには14世紀から17世紀のエレガントなテラスのある建物が未だに保存されており、その美しさから毎年多くの観光客を集めています。

ボートン・オン・ザ・ウォーターは、町中をウィンドラッシュ川が流れ、キラキラ輝く水面に石橋がかかる風景はコッツウォルズのヴェネチャとも呼ばれる小さな田舎町です。石造りの家屋が軒を並べ、田舎でありながらどこかあか抜けた落ち着いた町並みです。

風光明媚なコッツウォルズの中でも特に美しいチッピング・カムデンは、「王冠の中の宝石」と呼ばれ、ハイストリートには14世紀から17世紀の建物が保存されており、歴史的に重要な町です。

バイブリーは、小さな村ですが、まるでお伽噺の中のような風景が広がります。特にアーリントン・ロー地区の中世に建てられた石造りの家屋が魅力いっぱいです。穏やかに続く小道沿いの家々は、素朴ながらも歴史が感じられ、タイムスリップ感たっぷりです。

第5章は「ロンドン方面」です。

キューガーデンは、イギリスの首都ロンドン南西部のキューにある王立植物園です。キュー植物園などとも呼ばれます。1759年に宮殿併設の庭園として始まり、今では世界で最も有名な植物園として膨大な資料を有しています。

ウォリック城は、イングランド中部ウォリックシャーのウォリックにある中世の城です。エイヴォン川に臨む崖の上に建っています。

ウィンザー城は、イギリスのバークシャー州ウィンザーにあるイギリスの君主の公邸の一つです。ロンドンの西34kmに位置し、テムズ川南岸に築かれました。イギリス王室の所有で、イギリス国王が週末を過ごす場所でもあります。

ウィンチェスター大聖堂は、ヨーロッパのゴシック様式大聖堂のうち最も長い身廊と全長を持つ、イングランド最大級の大聖堂の一つです。聖なる三位一体、聖ペトロ、聖パウロ、聖スウィザンに捧げられており、ウィンチェスター主教管区を代表するウィンチェスター主教座が置かれています。

ロンドン・スクール・オブ・エコノミクス・アンド・ポリティカル・サイエンスは、社会科学に特化した、ロンドン大学を構成するカレッジの1つです。ただしロンドン大学を構成するカレッジと同様に、通常は独立した個別の大学として扱われています。ロンドン中心部のオールドウィッチにキャンパスを構えています。1900年にロイヤル・ホロウェイと共にロンドン大学のカレッジに加盟しました。

第6章は「ウェールズ・湖水地方方面」です。

　ウェールズ大学は、イギリス・ウェールズのカーディフに本部を置く、複数の大学や高等教育機関の集合体（連合体）でした。

　チェスターは、イギリス北西部にあるチェシャー州の州都で、ウェールズとの境に位置しています。街の中心部には中世の雰囲気漂う城壁や円形劇場があり、白と黒のチューダー様式の建物が並ぶ街並みは、ヴィクトリア朝を彷彿とさせます。そんな魅力に引き寄せられ、チェスターには国内外から多くの観光客が訪れています。チェスターにはたくさんの歴史的遺産が残っていますが、中でも一番有名なのは、国内で最も良い状態で現存する城壁です。

　ザ・ロウズは、チェスターで最も人気の高い観光スポットの1つです。街の中心部には白と黒のチューダー様式の木組みの建物が軒を連ね、2階部分が歩道で繋がり、アーケードのようになっています。それぞれの建物の各階にはブティックやレストラン、カフェやオフィスなどが入っています。

　チェスターの城壁は、英国内でも特に保存状態が良く、チェスターが城郭都市と呼ばれる所以でもあります。ローマ人が軍団の本営を守るために周囲に防御壁を築き、その後に長い年月をかけて城壁をつくりあげました。城壁の全長は3.2kmで、徒歩であれば1周を約1時間ほどで回ることができます。

　カーナーヴォン城は、ウェールズ北西部のグウィネズ州カーナーヴォンにある中世の城です。1283年にウェールズを征服したイングランド王エドワード1世によって建設されました。

　湖水地方は、イングランドの北西部・カンブリア郡に位置する地域の名称です。氷河時代の痕跡が色濃く残り、渓谷沿いに大小無数の湖が点在する風光明媚な地域で、イングランド有数のリゾート地・保養地としても知られています。

　ピーターラビットは、ビアトリクス・ポターの児童書に登場する主役キャラクターであり、シリーズ作品の総称ともなっています。

　ヘレン・ビアトリクス・ポターは、ピーターラビットの生みの親

として知られるイギリスの絵本作家です。ヴィクトリア時代の上位中産階級に生まれ、遊び相手も少ない孤独な環境で育ちました。絵本作家としての原点は、1902年に出版された『ピーターラビットのおはなし』です。

　ウィリアム・ワーズワスは、イギリスの代表的なロマン派詩人です。湖水地方をこよなく愛し、純朴であると共に情熱を秘めた自然賛美の詩を書きました。

　最後に、本書の刊行に際して、東京図書出版編集室の皆さんには大変お世話になりました。心から感謝申し上げます。

　2024年11月

井 原　　宏

目 次

はしがき 1

第1章　ケンブリッジ大学と
　　　　フィッツウィリアム・カレッジ 9

第2章　ケンブリッジから北方面 36

第3章　オックスフォード大学 55

第4章　コッツウォルズ方面 65

第5章　ロンドン方面 71

第6章　ウェールズ・湖水地方方面 82

第1章　ケンブリッジ大学とフィッツウィリアム・カレッジ

　井原宏は、住友化学の新居浜工場に勤務している。1963年3月に京都大学法学部を卒業後、本社で入社式に出席し、1週間の研修を経て、新居浜工場の総務部査業課に配属となった。

　メーカーだから、工場勤務はしかたがないが、できるだけ早く東京本社勤務をしたい、そして海外営業部で働きたいと強く希望していた。

　新居浜工場勤務となったのは、宏が今治市の出身で、小中高も今治市立の学校であったことが、影響したと思われた。もっとも、9年間に及ぶ工場勤務の経験は、その後海外営業部、外国部を経て、法務部に配属され、法務業務を遂行する上で大いに役立つことになった。

　宏の両親は、1971年初め頃に宏の生涯の伴侶を決めた方がよいと話し合って、親戚の叔母が薦める女性を紹介したいと見合い写真と釣書を宏に送ってきた。その女性は純子といい、津田塾大学の数学科出身で、美人かつ聡明そうであった。宏は、彼女とお見合いをすることになり、今治市の喫茶店で彼女とその母親に面談し、その後何度か、2人でいろいろと話し合った。彼女は、松山市の工業高校で数学を教えていた。松山市でデートすることになり、正岡子規と夏目漱石が住んでいた愚陀佛庵を見学し、瀬戸内海の水軍に関する本を探して、書店巡りをした。また、漱石が好んだ道後温泉にも行った。さらに、彼女の母親と3人で、今治市の鈍川温泉に桜見物に行った。

　今治市玉川町にある鈍川渓谷は、「奥道後玉川県立自然公園」に属し、「21世紀に残したい四国の自然100選」に第2位で入選した

ほどの名勝地である。

　この渓谷の一角に美人湯の誉れ高い鈍川温泉があり、この地域の観光の中心となっている。愛媛県の北東部、高縄半島の中心部に位置し、今治市内から蒼社川に沿って延びる山間の道を進んでいくと鈍川温泉がある。道後温泉、本谷温泉とともに伊予の三湯といわれ今治藩の湯治場として繁昌した。

　鈍川温泉の湧出は遠く平安時代にさかのぼり、長い歴史を持つ温泉である。奈良時代後期の大地震によって温泉の湧出量が激減し、お湯の温度が下がったことがあったが、藩制時代には今治藩主の狩場や薬草園もあったことから今治藩の湯治場として賑わいをみせていた。

　明治4年（1871年）春、旧今治藩は、山渓を開拓して温泉場として整備した。寒村樋地のため湯治客が少なく、明治9年頃にはすたれたが、大正10年には、鈍川村内の有志が発起人となって温泉組合を設立した。町おこしの一貫として鈍川温泉の開発に取り組んだ。そして同14年に念願の鈍川温泉組合経営の鈍川温泉が発足した。

　開業当初は、会社直営で役員が交互に出向いて運営していたが、後に今治の業者に入札で年限を切り経営させた。鈍川温泉本館の周囲にも旅館・店屋などが数軒営業を始め、徐々に発展していったが、太平洋戦争により鈍川温泉も大打撃をうけた。

　戦後の昭和27年民間資本による株式会社鈍川温泉が設立され、交通条件の整備、新たな源泉の掘削、近代的な旅館の建設も次々と進められてきた。平成元年には、掘削によって地下300mより多量の湯が湧出し、日帰り温泉施設「せせらぎ交流館」や「温泉スタンド　観音湯」が造られた。こうして、現在、愛媛県下で道後温泉に次ぐ温泉地として今治市民をはじめ全国の人に親しまれている。

　めまぐるしく移り変わる時代の中で、鈍川の豊かな自然は、いつの時も限りない恵みを人々に与え、心を癒やしてくれる。山に、郷に、桜や菜の花などの美しい花々が咲き誇り、あたたかな陽射しが

やさしく包む。

　今治市内にも、たくさんの札所があり、遍路道は春の訪れとともに白装束のお遍路さんたちで賑わいを見せ始める。

　春の味覚の山菜料理に舌鼓をうちながら、のんびり花見も楽しめる。清流にアメノウオやマスなどが泳ぐ鈍川渓谷は「えひめ100選」にも選ばれた景勝地である。近くにある「ふれあいの森」には、多くの人がバードウォッチングやキャンプ、森林浴に訪れ、公園やキャンプ場が整備された玉川湖周辺は、ドライブやカヌーを楽しむ人々で賑わっている。昆虫採集を楽しむ子供達の姿が多くみられる。

　美しい渓谷の風景を楽しめるよう、鈍川渓谷の清流に沿って遊歩道や休憩所も整備され、渓流にかかる「ふれあい橋」「水源の森橋」が美しい景観にアクセントを添えている。また、「玉川ビューパーク」や、大野川沿いにはコスモスが咲き誇り、訪れる人の目を楽しませてくれる。県下有数の林業地帯でもあるこの辺りは、澄んだ空気の中、杉や檜の人工林が、時にはうっすらと雪化粧をして神秘的な美しさを見せてくれる。山里ならではの特産のイノブタと旬の野菜を使った鈍川名物「いのぶた鍋」は、地元の人にも定評があり、わざわざ「いのぶた鍋」を食べに訪れる人もいるほどである。

　ラドン含有量が高いアルカリ性単純泉のお湯は肌触りよくなめらかである。美肌効果が高いとされ、古くから「美人の湯」として知られている。

「鈍川温泉は久し振りでした。桜が見頃でしたね」と宏は２人に語りかけた。
「お天気もよくて、沢山の人達が来ていましたね。私も久し振りです」と純子は応じ、母親も微笑んだ。母親はとても感じの良い人で、俳句の趣味をもっている。また、茶会に出かけたりしている。

　３か月に及ぶお付き合いの仕上げに、２人で大山祇神社に詣でることになった。

「純子さん、お話ししたように、僕は夢をもっています。イギリスの大学かアメリカの大学に留学したい。サラリーマンの生活には満足していません。京都大学法学部を卒業して大学院で勉強したいと思っていました。将来、大学教授に転身し、法学の研究者となる願望があります」と宏は話し始めた。

「お話を伺って、井原さんの願望を少しは理解できたように思っています」と純子は応じた。

「険しい道ですが、僕には自信があります。僕に付いてきてくださるでしょうか」と宏は問いかけた。

「ご一緒に歩いて行きます」と純子は頷いた。

彼女を妻にすれば、自分が描いている人生を共に歩んでいけると確信した。宏は、彼女と結婚することを決心し、彼女は承諾した。

宏と純子の結婚式は、1977年4月に新築された今治国際ホテルで盛大に行われた。仲人は、宏の父親の兄夫妻、来賓代表は、宏の勤務先の住友化学新居浜工場の総務部長と純子の勤務先の松山工業高校の校長であった。新婚旅行後、宏と純子は、宏の勤務先の住友化学が所有する社宅（アパート）に落ち着いた。それから1年後には、転勤のために上京することになった。純子は身重になっていた。

今治国際ホテル[1]は、今治造船株式会社の子会社である株式会社今治国際ホテルが運営している。阪急阪神第一ホテルグループに属する。

1976年に経営危機にあった今治国際ホテルを今治造船が買収し、1977年4月には新ホテルをオープンした。145室のホテルは低層ながらも落ち着いたホテルとして定評があり、結婚式などのセレモニーに使われたほか、愛媛船主の集まりなど地元の様々な行事に使われてきた。しかし、社業が発展する中で今治造船の社内利用だけでも手狭な感じは否めないものとなり、1994年11月に隣接地の今治市旭町に新しい今治国際ホテルの建設工事に着手した。

第1章　ケンブリッジ大学とフィッツウィリアム・カレッジ

　1996年11月1日に新今治国際ホテルがオープンした。総事業費は約120億円で地下1階、地上22階で高さは101.7mでオープン当時は四国一の高層ホテルであった。客室数は約250室で愛媛県内の都市型ホテルとしては松山全日空ホテルに次ぐ規模であった。2011年にはイベント開催時の収容力強化を目的に増床を行い、2011年4月には別館（5階建て、客室数：107室）の営業を開始し、本館と客室数は合わせて計355室となり、愛媛県内最多となった。

　ホテルの外観は客船を縦にした形を模し、吹き抜けのロビーにカーブを描く階段をしつらえ、客室の一部にはチークを使った床を引き、オーシャンビューのバスルームを設置するなどの豪華仕様となっている。内部に、パーティースペース、レストラン、プール、ブライダル式場、ショッピングモールなどを備えている。

　宏は、外国部に勤務している時に、社内の留学制度に応募して、これまでの勤務成績や幹部候補生としての将来性を評価され、2年間の海外留学を認められた。この留学制度は、渡航費、授業料、生活費などすべて留学に必要な費用は支給され、毎月の給料も支払ってくれる。毎年、イギリスの大学とアメリカの大学に、計2名が選抜される。宏はイギリスのケンブリッジ大学とアメリカのエール大学に入学の志願書を出し、両大学から合格の知らせがあったが、ケンブリッジ大学の方が先に決まった。オックスフォード大学ではなく、なぜケンブリッジ大学を選んだのかは、ケンブリッジが世界一美しい大学都市であり、かつケンブリッジ大学は法学に関してはオックスフォード大学に勝っていたからである。

　宏は、1974年、32歳、住友化学では外国部の副課長であった。すでに結婚しており、妻純子、4歳の長男基、1歳の次男望の4人家族である。まず、1974年9月、単身でケンブリッジに行き、半年後に3人を呼び寄せることにした。

　当初の5か月間は、フィッツウィリアム・カレッジの側のハンティンドン道路沿いに5分程度歩いたところにある、ケンブリッジ

大学で天体物理の Lecturer であったビアさんのお宅の2階の一部屋を借りた。奥さんは寝込んだ状態であったが、彼はとても親切な人で、いろいろ宏の相談に乗ってくれた。

息子さんが英国放送協会（BBC）に勤めており、ロンドンに住んでいたが、帰省した時に、宏に挨拶してくれた。

3階は、インド人の留学生が借りており、博士課程を終えて、専門分野である会社法において「少数株主の保護」と題する博士論文を書き上げて、審査委員会の審査を経て法学博士号を取得していた。帰国後は、インドの大学の法学部で講義するとのことであった。彼は日頃からテニスを愛好していた。彼と何度か雑談をしたが、後で思うに、大きな影響を受けたと思われる。

ケンブリッジ大学（University of Cambridge）[2] は、イギリスの大学都市ケンブリッジに所在する総合大学であり、イギリス伝統のカレッジ制を特徴とする世界屈指の名門大学である。英語圏ではオックスフォード大学と共に「オックスブリッジ」としてイギリス最高峰の大学として並び称され、中世に創設されて以来、長い歴史を持つ。古大学に属し、また、欧州内の中世大学群に属する。国内大学ランキングでは主要3ランキングにおいて国内1位に評価されており、入学難易度も最も高い。

ハーバード大学、オックスフォード大学、マサチューセッツ工科大学、スタンフォード大学と共に世界トップ5大学として知られる。ケンブリッジ大学のノーベル賞受賞者の人数は120人（世界2位）、9人のチューリング賞受賞者を誇る。

ケンブリッジ大学法学部（Cambridge Law）は、オックスフォード大学、ハーバード大学、イェール大学と共に世界最高峰のロースクール（法科大学院）として知られている。公共政策大学院（POLIS）における社会政策・管理（Social Policy & Administration）分野でも、ハーバード大学、オックスフォード大学、ロンドン・スクール・オブ・エコノミクスと共に世界最高峰を誇る。また、ケ

ンブリッジ大学医学部（Cambridge Medicine）は、ハーバード・メディカル・スクール、オックスフォード大学医学部と共に世界最高峰のメディカルスクール（医学大学院）として知られている。

2019年のTimes Higher Education World University Rankingsで世界第2位と評価されるなど、ハーバード大学、オックスフォード大学等と並び、各種の世界大学ランキングで常にトップレベルの優秀な大学として評価されており、公式のノーベル賞受賞者は120人（2023年5月現在）と、世界の大学・研究機関で世界2位（内、卒業生の受賞者は65人）である。公式サイトでは国公立大学（Public University）と紹介している。法的根拠が国王の勅許状により設立された自治団体であること、大学財政審議会（UFC）を通じて国家から国庫補助金の配分を受けており、大学規模や文科・理科の配分比率がUFCにより決定されていること、法的性質が明らかに違うバッキンガム大学等の私立大学が近年新設されたことによる。ただし、自然発生的な創立の歴史や高度な大学自治、独自の財産と安定収入のあるカレッジの存在がある。

アメリカ、ヨーロッパ、アジア、アフリカ各国からの留学生も多い。2005年現在、EU外からの学生は3000人を超え、日本からの留学生も毎年十数人〜数十人規模となっている。研究者の交流も盛んで、日本からの在外訪問研究者も多い。

13世紀初頭に、町の人々と対立してオックスフォードから逃れてきた学者たちが、この町に住み着き、研究・教育活動を始めたのを起源とする中世大学である（大学としての公式な創立年度は1209年）。彼らの活動はやがて、イングランド国王の保護なども受けて発展をはじめ、現存する最古のカレッジ、Peterhouse（ピーターハウス）は1284年の創立である。13世紀にはヴァチカンからストゥディウム・ゲネラーレの認定を受けている。アイザック・ニュートン、チャールズ・ダーウィン、ジョン・メイナード・ケインズ等、近世以降の人類史において、社会の変革に大きく貢献した数々の著名人を輩出してきた。

ケンブリッジ大学は、34のカレッジから成るカレッジ制を採る。カレッジは「学寮」とも訳され、全ての学生は学部生・大学院生を問わず、1つのカレッジに所属する。学部生の入学者選抜はカレッジ毎に行われ、一部の学科を除いてAレベル試験の成績の他に、面接試験で判定される。歴史的に見れば、カレッジは教師と学生が寝食を共にし、そこで共に学ぶという修道院の形態に由来している。19世紀の半ばまで、教員はイングランド国教会徒であること、および生涯独身であることなどが義務付けられていたが、大学改革により義務は緩和された。現在では国教会に限らず、プロテスタント系、カトリックのカレッジも存在している。各カレッジは代々固有の財産と安定収入を持ち、伝統的な資産はイギリス各地の荘園、農園であり、近年では株式の割合も増えている。カレッジの資産を管理・運用するフェローのことをバルサーと呼び、経済学者のケインズはケンブリッジ大学のキングス・カレッジのバルサーであった。

　学部生の教育は、伝統的にはカレッジで教員と学生の1対1で行われていた。カレッジによるこうした指導を「チュートリアル」と呼び、チュートリアルを施す教員を「チューター」と呼ぶ。現在ではチューターは生活面で学生の面倒を見る教員を指す。ただし、「シニア・チューター（senior tutor）」と呼ばれるチューターのリーダーは、現在でも各カレッジにおける教育の最高責任者と見なされている。

　ケンブリッジ大学で一番学生数が多く、ノーベル賞の受賞者数でも多いカレッジはトリニティ・カレッジである。トリニティ・カレッジにおける過去のノーベル賞受賞者の人数は34人である。

　現在の授業はカレッジではなく、学部・学科が中心となって行われる。授業には2つの形態があり、1つは学部・学科の提供するもので多くの学生が集まって聴講する講義形式の授業、もう1つはカレッジの責任で行われる「スーパービジョン（supervision）」と呼ばれる個人または少人数形式の授業である。各カレッジには科目毎

に学習指導教員（Director of study）がおり、学習指導教員は学部・学科から推薦された教員・研究員・大学院博士課程の学生の中から、学生ひとりひとりに「スーパーバイザー（supervisor）」と呼ばれる指導教員を任命する。スーパービジョンでは文科系の場合、与えられた課題に対して小論文（essay）を事前に提出し、その小論文について指導教官が添削したものを学生と議論しながら指導していくという形式を取ることが多い。

　大学院生の教育には、研究科（学部・学科）が主に責任を担っている。大学院の入学者を選抜する権限は専門の研究科にあり、研究科からの入学許可を得た後に、属するカレッジが決定する。大学院においても修士課程や博士課程の初年度には講義が行われる場合が多いが、その勉学・研究活動の中心は指導教官とのスーパービジョンにある。学部生とは異なり、大学院のスーパービジョンは現在でも一対一の原則がほぼ貫かれている。また、スーパーバイザーの選択はカレッジの学習指導教員でなく、それぞれの研究科の責任で行われる。

　ケンブリッジ大学は、1学年を3つの学期に分けている。学則上、10月1日～12月19日を Michaelmas Term、1月5日～3月25日を Lent Term、4月10日～6月18日を Easter Term と呼んでいる。このうち授業が行われる「フル・ターム（full term）」と呼ばれる期間は、各学期8週間である。学部と一部の大学院のコースの試験は、5月に一斉に行われる。この学部の試験と数学の修士の試験は、「トライポス（tripos）」と呼ばれる。日の長くなる6月には各カレッジ毎にメイ・ボール（May Ball）あるいはジューン・イベント（June Event）等と呼ばれる園遊会のシーズンを迎える。大学院の場合は、6～7月に学年の終了するコースもある。

　受験に際しては、通常の試験による。外国人の場合は、IELTS（英国英語検定試験）の受験が義務付けられている。入学基準において、GPA3.70以上に加え（大学院博士課程は大学院の修士号GPA3.70）、IELTS7.5以上、または TOEFL PBT620点以上（IBT110

点以上）が必須。博士号に進むにあたっては職歴も問われ、大学院の修士課程での GPA の成績が問われる。

　ケンブリッジ大学には、他の大学とは異なる慣習やルールが多数存在していた。かつては大学の自治警察に町内の警察権が与えられ、その他にワインや食料を独占的に販売する特権、近傍の市場の度量衡などの監督権、学生がカレッジの外に出る際にはガウンを着用する義務などがあった。それらは数百年にわたる大学改革によって徐々に姿を消してきたが、中世由来の慣習の一部は現在でも存在している。例えば授業期間中は大学教会であるセント・メアリー教会から２マイル以内に居住しなければならないこと、カレッジごとに「フォーマル・ホール（formal hall）」と呼ばれる晩餐会が設けられていること、所属するカレッジのフォーマル・ホールにおいてはガウンを着用することなどである。

　オックスフォード大学とは強いライバル関係にあり、両大学合わせて、「オックスブリッジ」と呼ばれる。両校の間では、スポーツなど各種の親善試合が頻繁に行われる。中でもとりわけ有名なのは、毎年春にロンドンのテムズ川で行われるボートレース（レガッタ）である。両大学は、互いに「あちら（the other place, another university など）」と呼び合うだけでなく、パントと呼ばれる舟遊びでも逆方向から漕ぐ徹底振りである。また、1827 年に開始されたクリケットの定期戦も有名であり、ザ・大学マッチ（The University Match）と呼ばれ、ボートレースより長い歴史がある。通算成績は 2023 年現在、ケンブリッジ大学が勝ち越しており、クリケットの聖地と呼ばれるロンドンのローズ・クリケット・グラウンドで多くの試合が行われた。

　市内中心部を諸カレッジの壁面が覆うことによりオックスフォード大学が「大学の中に町がある」と言われるのに対し、大学都市である、ケンブリッジ市内中心部が明るく伸びやかな雰囲気のあるケンブリッジ大学はよく「町の中に大学がある」と称される。

第1章　ケンブリッジ大学とフィッツウィリアム・カレッジ

主なカレッジ（College）	設立年	学部生数	院生数
クライスツ・カレッジ Christ's College	1505年	395	95
チャーチル・カレッジ Churchill College	1960年	440	210
クレア・カレッジ Clare College	1326年	400	180
クレア・ホール Clare Hall	1965年	0	135
コーパス・クリスティ・カレッジ Corpus Christi College	1352年	250	150
ダーウィン・カレッジ Darwin College	1964年	0	591
ダウニング・カレッジ Downing College	1800年	409	292
エマニュエル・カレッジ Emmanuel College	1584年	494	98
フィッツウィリアム・カレッジ Fitzwilliam College	1966年	474	180
ガートン・カレッジ Girton College	1869年	503	201
ゴンヴィル・アンド・キーズ・カレッジ Gonville and Caius College	1348年	468	291
ホマトン・カレッジ Homerton College	1976年	550	500
ヒューズ・ホール Hughes Hall	1885年	39	314
ジーザス・カレッジ Jesus College	1496年	503	237
キングス・カレッジ King's College	1441年	397	239
ルーシー・キャベンディッシュ・カレッジ Lucy Cavendish College	1965年	106	116
モードリン・カレッジ Magdalene College	1428年	335	169
マレー・エドワーズ・カレッジ Murray Edwards College	1954年	377	74
ニューナム・カレッジ Newnham College	1871年	396	120
ペンブルック・カレッジ Pembroke College	1347年	420	194

ピーターハウス Peterhouse	1284年	270	125
クイーンズ・カレッジ Queen's College	1448年	490	270
ロビンソン・カレッジ Robinson College	1977年	390	96
セント・キャサリンズ・カレッジ St Catharine's College	1473年	436	165
セント・エドモンズ・カレッジ St Edmund's College	1896年	100	200
セント・ジョンズ・カレッジ St John's College	1511年	570	340
セルウィン・カレッジ Selwyn College	1882年	360	140
シドニー・サセックス・カレッジ Sidney Sussex College	1596年	338	181
トリニティ・カレッジ Trinity College	1546年	656	380
トリニティ・ホール Trinity Hall	1350年	364	241
ウルフソン・カレッジ Wolfson College	1965年	90	510

　フィッツウィリアム・カレッジ（Fitzwilliam College）は、イングランドにあるケンブリッジ大学を構成するカレッジの一つである。経済学、生化学、生理学、医学などのノーベル賞受賞者の著名な研究者や、イギリスを含む様々な国の政治家、裁判官、弁護士、実業家を多数輩出しているカレッジとして知られる。現在のフィッツウィリアム・カレッジは、イギリスの自然科学者であったチャールズ・ダーウィンの妻のエマ・ダーウィンが晩年を過ごした別邸ザ・グローブ（The Grove）をシンボルに形成されている。

　フィッツウィリアム・カレッジは、ケンブリッジ大学の34のカレッジの中で唯一の大学発のカレッジで、特待生（奨学生）を受け入れる非カレッジ制の学生寮の一つとして1869年にケンブリッジの中心街の Trumpington Street にあるフィッツウィリアム美術館の

第1章　ケンブリッジ大学とフィッツウィリアム・カレッジ

真向かいに設立された。当時はケンブリッジ大学本部の一部として運営されており、フィッツウィリアム・ハウスと呼ばれていた。学生寮時代の初代学長はトリニティ・カレッジ（ケンブリッジ大学)のフェローだったラルフ・サマーセットが就任した。1963年にはケンブリッジの北西部のStorey's Wayにカレッジの本部を移し、1966年に現在のフィッツウィリアム・カレッジとして正式に設立された。Trumpington Streetにあったフィッツウィリアム・ハウスは、現在はケンブリッジ大学のアドミッション事務局本部として機能している（アドミッション事務局本部のビル名は、今もフィッツウィリアム・ハウスと呼ばれている）。このような経緯があるため、フィッツウィリアム・カレッジの紋章は、ケンブリッジ大学の紋章とフィッツウィリアム伯爵の紋章を組み合わせたものとなっている。フィッツウィリアム一族の紋章の使用における承認は、第7代目フィッツウィリアム伯爵より受けたとされる。さらに、もともとフィッツウィリアム・カレッジは大学の一部だったことから、ケンブリッジ大学の34のカレッジの中で、ケンブリッジ大学の紋章そのものをカレッジの紋章に取り入れているのはフィッツウィリアム・カレッジだけである。

ノーベル賞受賞者

- セント＝ジェルジ・アルベルト：アメリカの生理学者、ノーベル生理学・医学賞受賞者
- エルンスト・ボリス・チェーン：イギリスの生化学者、ノーベル生理学・医学賞受賞者
- アンガス・ディートン：アメリカ・イギリス国籍の経済学者、ノーベル経済学賞受賞者
- セーサル・ミルスタイン：イギリスの生化学者、ノーベル生理学・医学賞受賞者
- チャールズ・シェリントン：イギリスの生理学者、ノーベル生

21

理学・医学賞受賞者
- ジョセフ・E・スティグリッツ：アメリカの経済学者、ノーベル経済学賞受賞者

　宏は、1975年2月、ヒースロー空港で3人を出迎えた。すでに時刻は夕方の6時頃で、ケンブリッジまでには約2時間かかる。純子が望をおんぶしていたが、3人とも元気そうだ。
「長い旅だったね。3人とも元気そうで安心した」と宏は純子に語りかけ、基と望の顔をのぞき込んだ。望の頬は赤くなっていた。
「大丈夫だったわ。機内で見知らぬ人が望の顔を見て、かわいいと言ってくれて、うれしかった」と純子は微笑んだ。
「さあ、これから地下鉄でロンドンのリヴァプール駅まで行き、ケンブリッジ行きの列車に乗り換えて、約2時間かかるから、もう少し辛抱してね」と宏は、3人に言った。
　ケンブリッジ駅に着いた時は、すでに夜の8時を過ぎており、タクシーで自宅に着いたのは8時半頃であった。
　この自宅は、フィッツウィリアム・カレッジから徒歩で約30分余りの所で、マルベリィクローズ（Marberry Close）と呼ばれている。いわゆる2階建てタウンハウスの一角を占めていた。
　宏は、家族同伴で大学に来た学生に借家を紹介する大学の事務部局から情報をもらって、家主と交渉した。何ら問題なく貸してくれることになったが、借家契約を家主が依頼する事務弁護士（solicitor）との間で結んだのは、いささか驚きであった。家主は、ケンブリッジ大学の大学院生で、すでに既婚者であった。建築学を専攻しており、数年間、エジプトに出向いて建築関係の仕事に従事するとのことであった。
　このタウンハウスには、当時、日本から2人の英文学を専攻する大学教授が家族同伴で来ており、近所付き合いをすることになった。その内の1人は、東京の大手予備校の経営者の息子で、慶應義塾大学の文学部教授であるが、いかにもぼんぼんで、偉ぶってい

た。ドイツ製の新車を買って乗り回していた。奥さんはなかなかの美人で、親切な人であり、小さな息子を同伴していた。純子とは気があって、いろいろとおしゃべりをしていた。

帰国後十数年経た時、純子は、ケンブリッジで知り合った日本の物理学者の奥さんから、彼女が病気で亡くなったと聞いた。

もう1人は、宏の自宅横の道路を隔てた隣に住んでいた青山学院大学の文学部教授であるが、少し足を引きずっていた。子供は連れていなかったが、ご夫妻とも温厚な方であった。教授の友人である他の私立大学の文学部教授が、時々、自転車で訪ねていたようである。

一晩ぐっすり寝て、元気を取り戻した井原一家は、家の内外を見て回った。

「何でも揃っている。素敵な家だわ」と純子は、嬉しそうに言った。

家の後ろには小さいが、庭も付いていた。宏は、フィッツウィリアム・カレッジ近くの中古自動車を扱っている店で、すでに中古の自動車を購入しており、マルベリィクローズの一角で借家近くの場所に駐車していた。

宏は、ケンブリッジ大学に留学したのは会社法を研究する目的であった。大学院生（graduate student）として、比較法研究課程（Diploma in Comparative Legal Studies）において、イギリス会社法を日本の会社法と比較しつつ、イギリスの会社法を研究することを目指した。

指導教官は、イギリス会社法の Lecturer であり、彼が在籍するゴンヴィル・アンド・キーズ・カレッジ（Gonville and Caius College）に週1回通うことになった。具体的には、1週間の間に書いた論文を読んでもらい、そのアドバイスに基づいて、論文を修正する段取りであった。

長男の基は4歳なので、マルベリィクローズとケンブリッジの中

心街との間にある、ミルトンスクール（いわゆる日本でいう幼稚園）に受けて入れてもらうため、基と２人で女性の園長と面談し、快く承諾してもらった。

それ以来、基を車でミルトンスクールに送り迎えすることは宏の仕事になった。基は、英語がチンプンカンプンだったが、いじめに遭うこともなく、クリスマスの行事にも喜んで参加した。初めは心配であったが、彼の適応能力には感心した。

マルベリィクローズでの生活に慣れてきた頃のある日の夕方、望は、宏と純子が少し目を離した際に、２階への階段を数段上がった後、下へ落ちて頭を打った。

「ママ、望が落ちて頭を打った、どうしよう」と宏は叫んだ。

「頭を打ったので、医者に診断してもらうことが必要よ」と純子は宏より冷静に言った。

「日本から大学の医師が留学でケンブリッジに来ていると聞いているから、至急、電話しましょう。その医師の先生と面識のある、留学でケンブリッジに来ている日本の大学教授の奥さんがその先生のお宅の電話番号を知っている」と純子は言って、その奥さんに電話し、純子が医師の先生のお宅に相談のため電話した。

「ケンブリッジ大学の付属病院に女性の専門医がいるので、至急紹介しましょう。付属病院に至急、頭を打ったお子さんを連れて行ってください。私も付属病院に行きます」と日本の医師の先生は言ってくれた。

直ちに、宏と純子は、望を連れて、車で付属病院に駆けつけ、女性の専門医に会って、事情を説明するとともに、どうすればよいか尋ねた。その専門医は、望の頭を診断し、レントゲンを撮った。日本の医師の先生も立ち会ってくれた。

「大事には至っていないので安心してください。しかし、一晩はこの病院で、お母さんと一緒にすごしてください」と女医は言った。

翌日の朝、宏は付属病院に車で行き、望の容体を聞いた。問題はなかったとのことで、宏と純子はやっと安心した。こんなことが二

第1章　ケンブリッジ大学とフィッツウィリアム・カレッジ

度と起こらないように、階段の入り口に扉を設けた。

　このアクシデントには2つの後日談がある。一つは、宏が指導教官に週1回の面談で彼のカレッジに行った際、なぜかこのアクシデントを知っていると言った。大学における狭い研究者仲間の情報伝達の早さを知った。

　もう一つは、当時、日本の大学から数名の物理学者が研究のため、ケンブリッジ大学の関係研究所に来ていたが、その筆頭が東大の物理学の教授であり、その先生が、ある日、マルベリィクローズのわが家に、見舞いのため車で立ち寄ってくれた。宏・純子は面識がなかったが、その心配りに感動した。後日、その先生のお宅にお礼のために伺った。

　また、後日、お世話になった日本の医師に宏と純子がお礼をするため、彼の自宅に伺ったが、車で30分くらいかかる、ケンブリッジ中心部からかなり離れたところに住んでいた。自然豊かなところで、広々とした庭と大きな家があり、4人の子供達がのびのびと遊び回っていた。

「東京では考えられない、ケンブリッジでの生活を満喫しています」とご夫妻は、満足げに宏と純子に微笑みかけた。

　当時、日本から刑法学者である中京大学教授が家族連れでケンブリッジに来ていた。奥さんは、純子と同じ津田塾大学の出身で、英文学科の卒業生である。長男は中学生、長女は小学生である。

　宏は、大学の図書館でその教授と知り合いになり、お宅を訪ねて、昼食をいただくことになった。

「長男が学校でいじめに遭っています。ネクタイの結び方が悪いとか難癖をつけて」と、昼食後、教授は憤然と言った。

「学校に行って、校長に会い、厳重に抗議してきました」と、教授は腹の虫がおさまらないように言った。

「ケンブリッジでもそんなことがあるのですか。人種差別でなければいいのですが」と宏は、あきれたように言った。

　これが機縁で、帰国後数十年経ってから、教授から、勤務先の専

25

修大学の法学部で企業法務について講演することを頼まれた。

　宏は、ケンブリッジ大学の図書館で、刑事学を専門分野とする龍谷大学の教授から話しかけられ、知り合いとなった。教授は単身で研究のために来ていたが、一度奥さんが様子を見にケンブリッジに来たこと、彼は尺八の名手で、毎日吹いていることを聞かされた。温厚かつ大変親切な人で、宏は好印象をもった。
　帰国後数十年が経ったとき、奈良市にある教授のご自宅を訪ねて、久闊を叙した。

　純子は、子供2人を連れて散歩に出かけ、通りがかりの女性に道を聞いたことが機縁となって、その人と知り合いになった。彼女は節子さんといい、クリスチャンである。イギリス人のご亭主は個人で保険代理店をやっている。
　息子が1人いるが、節子さんは、その将来を心配しているとのことであった。また、日本には年老いた母親を1人残していることも心配の種であると言っている。

　宏は、何度目かのケンブリッジ大学法学部の図書館に文献調査のために訪ねた時、長年お世話になった図書館長が定年を迎え、大学を去ることになったと聞いた。
「館長、大変お世話になりました。定年後はどこに住まわれるのですか」と尋ねた。
「市内から車で30分くらいの村に引っ越します。これでイギリス人の誰もが理想とする生活を送ることができますよ」と彼は答えた。
　聞くところによると、彼の現在の住まいの近くに、日本女性の留学生が住んでおり、付き合いをしているとのことであった。彼は大変な親日家である。
　宏は、彼の話を聞いて、いつかそのような市内近くの村に住んで

第 1 章　ケンブリッジ大学とフィッツウィリアム・カレッジ

みたいと思っていた。

　そんな折、宏は純子に、「ケンブリッジ市内から車で30分くらいの村に借家を、今年の夏1か月半ほど借りることができないか頼んでほしい」と相談した。

「いい思いつきだわ。節子さんの旦那様なら知り合いが多いから大丈夫、見つかるでしょう」と応じ、早速節子さんに頼んでくれた。

　間もなく、節子さんから返事が来て、コッテンハム村に適当な借家が見つかった。借家料も良心的だから、できるだけ早く契約してはどうかと勧めてきた。直ちに、純子は節子さんに応諾の返事を出した。

　宏と純子は、東京からロンドンを経て、ケンブリッジ市内からバスでコッテンハム村に到着すると、家主に面談した。この家主は、かなり多くの貸家をもっており、B&Bもやっていた。なかなか親切な家主で、特に奥さんは世話好きのようであった。

　翌日、節子さん夫婦が訪ねてきて、「住み心地はいかがですか」と聞いてくれた。

「なかなか快適ですね。いい借家を見つけていただいて、ありがとうございます」と宏と純子は交互にお礼を言った。

　翌日、宏と純子は、バスでフィッツウィリアム・カレッジに行き、近くのレンタカー店で車を借りる契約を結んだ。その日からこの車を利用して、コッテンハム村からあまり遠くない所にある大型のスーパーマーケットに買い物に行った。

　コッテンハム村にもコープという小さなスーパーがあったが、利用回数は少なかった。

　また、村内には、隠居している多くの人々が暮らしている一角があり、まさに法学部図書館長が言ったような街並みが形成されている。

　宏と純子は、午前中に車で大学の大きな総合図書館に行き、その前に駐車することにした。そこから歩いて市内のマーケットプレイスに行き、2人で昼食をとることにした。

27

その後は別れて、宏は総合図書館、近くの法学部と経済学部の図書館で仕事をすることにし、純子は大学内を散歩し、マーケットプレイスで買い物をするという毎日である。純子は大学とマーケットプレイスを、宏以上に知っているようになった。

「本当に充実した毎日を送ることができたね」と宏は純子に語りかけた。

「ええ、コッテンハム村と大学、マーケットプレイスを楽しむことができましたわ」と純子は微笑んだ。

　予定の1か月半が過ぎる前に、宏と純子は、節子さん一家のお宅へ挨拶に行った。節子さんは、お宅の中庭で、美味しいパンと紅茶でもてなしてくれた。ご亭主は留守であったが、息子さんが出てきて、握手を交わした。

　井原一家が帰国後、数十年経ったとき、純子は節子さんから話を聞いた。彼女の母親が亡くなったこと、また、息子が白百合女子大学附属高校の箱根の分校で英語を教えていたが、女子学生達とうまくやっていけなくて、ひどいスランプに陥ったので、彼女は一時日本へ帰国し、息子の世話をしていた。そして間もなく息子をイギリスに連れて帰ることになると聞いた。

　ケンブリッジにおける生活に馴染んできた頃、宏は純子にケム川沿いに散歩に行こうと誘った。

「ケム川とカレッジがどのように関係しているか、興味があるわ。ぜひ案内して」と言った。

「ケム川とカレッジの関わりを知ることは、ケンブリッジ大学を知ることに繋がるよ」と宏は答え、早速散歩に出かけることにした。以下は、宏の説明である。

　南西から市内へ入るケム川（the River Cam）は、いくつかのカレッジをとおり北へ流れている。セント・ジョンズ・カレッジを最後に横切ると、川は東へ曲がり越流ダム（河川水位を一定にする堤

防）を通り、町をぬけていく。そしてその先およそ19kmの地点で
イングランド中部から東部にかけて流れるウーズ川に合流、北海へ
と注ぐ。中世には重工業製品をはじめとする様々な商品が川を利用
して運ばれ、町は栄えた。その後鉄道が敷かれ河川水運が衰退する
と、今まで仕事に使っていたボートを住まいに変え、川の上で生活
したという。このように川は町の発展に貢献し、人々の生活を支え
てきた。そして今なお、ケム川でのパンティング（平底船での川下
り）がケンブリッジの観光業を支えている。

　ケンブリッジ一の観光名所はキングス・カレッジである。その
ゲートハウスをぬけ、チャペルを右手にまっすぐ進むと、「the back
lawn」とよばれる広大な芝生がみえてくる。芝生の緑を楽しみなが
らさらに進むとキングス橋がある。建設当初は、芝生の真ん中に道
があり、道と橋が一直線につながっていた。その後、橋は少し南側
へ移動、現在の位置になった。橋をちょうど越えたところに大理石
がたっている。中国詩が刻まれているこの石は、中国人のカレッジ
卒業生によるもので、中国人の間では有名である。橋からながめ
るゴシック様式のチャペルと芝生のコントラストは一見の価値があ
る。

　トリニティ・カレッジで最高傑作といわれる建物はレンライブラ
リーである。そこから続く遊歩道にはケム川が臨めるベンチがあ
る。そこに腰かけ、すぐそばを通り過ぎるパントを楽しむ人達をな
がめていると、時間が経つのを忘れてしまう。道なりに歩いていく
と、トリニティの石橋があり、橋からは、隣のセント・ジョンズ・
カレッジのニューコートが蜃気楼のように浮かびあがってみえる。
この石橋をわたると、緑のすきまから光がさしこみ、幻想的な風景
が美しいライムの並木道が続く。

　セント・ジョンズ・カレッジは、ケム川にかかる橋を2つ、もっ
ている。それが「ため息橋」と「レンブリッジ」。そのうちのひと
つ「ため息橋」は特に有名である。ケンブリッジ観光名所のひとつ
となっている。2つの橋は隣りあっているため、「レンブリッジ」

を「ため息橋」とまちがえる観光客も多い。「ため息橋」は関係者以外立ち入り禁止で、そのため、カレッジで表示している観光コースをめぐっていくと、たどりつくのは「レンブリッジ」である。

ケム川が流れる最後のカレッジがセント・ジョンズ・カレッジである。そして、ケム川にかかるケンブリッジの橋の中で2番目に古いといわれているのがこのレンブリッジ（Wren Bridge）である。イギリスを代表する建築家、クリストファー・レン（Christpher Wren）が設計したため、彼の名がそのままついている。現在はテラスとなっているが、その場所に以前はキッチンがあり、キッチンの通路からつながっていたことから、キッチンブリッジとも呼ばれている。レンブリッジから眺めるため息橋はケンブリッジの記念撮影スポットのひとつとして知られている。

ため息橋（Bridge of Sighs）は、ヴェネチアの「ため息橋」をモチーフにつくられた。「試験のできが悪かった学生がため息をつく場所」「ケンブリッジのレベルについていけない学生がため息をつく場所」など、さまざまなうわさが流れている。この橋はセント・ジョンズ・カレッジのニューコートとサードコートを結んでいて、その美しさは、かのヴィクトリア女王に"so pretty and picturesque."（なんてステキで絵になる橋なんでしょう）と言わしめたというほどである。観光客は橋を渡ることができないが、レンブリッジから見るその橋の美しさに、きっとため息がでるにちがいない。

「数学の橋（The Mathmatical Bridge）は、ニュートンの設計である。ボルトやナットを一切使っていなかったが、あるとき、カレッジの学生がどうしてボルトやナットを使わずに橋を作ることができたのかと、橋を分解してみた。しかし結局わからず、もう一度組み立てようとしたがそれもできず、現在のボルトやナットを使った橋になってしまった」

これは、この数学の橋にまつわる根拠のない作り話であるが、この話を本当に信じている人も多い。1749年に建設されたこの橋は、その幾何学的構造から「数学の橋」と呼ばれている。もちろん、

第1章　ケンブリッジ大学とフィッツウィリアム・カレッジ

ニュートンとは何の関係もなく、ボルトやナットもしっかり使っている。

　清教徒革命の時代、カレッジに架かる多くの橋が壊されたそうだが、その激動の時代を生き延びたというのがクレア橋（Clare Bridge）である。クレア橋は、現在ケンブリッジで残っている橋のなかで、最も古いといわれている。14個の球形の石で飾られている橋は、とても美しく印象的だが、一部が欠けている石がひとつあるのに気付くはず。なぜ？　という疑問をカレッジの学生に聞いてみると、ここでも有名な作り話がでてくる。ひとつは、この橋を作った職人が十分な報酬を支払ってもらえなかったため、その報酬額どおりにと石の一部分を削ってしまったという話。もうひとつは、石の部分修理の際に丸型にセメントされたはずの石がV字にぬけて川におちた、というものである。

　純子は、津田塾大学の数学科出身であったが、英語は専門外であり、英会話を勉強したいと思っていた。ケンブリッジに来てから、英会話の必要性を痛感し、当時、ケンブリッジ大学で専門分野の研究のため来ていた数名の日本の研究者の奥さんと知り合いになった。

　その内の2人と純子は、歳はとっているが、ケンブリッジ大学で英文学を教えていた女性に英会話を習うことになった。週に1回、宏は、純子がその先生宅に行くため、車で送り迎えをすることになった。

　純子は、いつも買い物に行っているスーパーで、赤ん坊を乳母車に乗せた日本女性に出会った。感じのいい人で、純子とのおしゃべりを楽しんでいた。彼女の家も近くにあり、マルベリィクローズの家に立ち寄ったことがあった。宏も在宅していたので、彼女と話をした。ニュージーランドに英語の研修に行ったとき、ご主人と知り合いになり、結婚したとのことである。ご主人は、物理学を専攻す

るニュージーランドの大学教授で、2年間ほどケンブリッジ大の研究所で研究している。

　宏は、なによりも赤ん坊に気を引かれた。ふっくらとした女の赤ん坊で、話しかけるとニコニコと笑ってくれる。

「近くに住んでいますから、いつでも遊びにきてください。わが家には2人の男の子がいますが、残念ながら女の子はいません」と宏は彼女に話しかけた。

「ありがとうございます。お知り合いになれてうれしいです」と彼女は純子にも応じた。

　ケンブリッジに滞在中、パリとローマに観光で訪れる機会があった。ところが、パリの凱旋門からすぐ近くのホテルで、子供達が安眠できるよう、スタンドをタオルで覆ったところ、ボヤを引き起こした。幸いに早い段階で気付いたので、大事に至らなかった。翌朝フロントに事情を説明したところ、快く受け入れてくれて何ら問題にならなかった。

　ローマでは、望が風邪を引いて、機嫌が悪く、非常にてこずった。純子は望につきっきりで、ホテルの外で外食するのは止めざるを得なかった。宏だけ出かけることにし、フロントで、スパゲッティが美味しい地元のレストランを教えてもらった。ホテルは下町にあったので、地元の人達がよく利用するようなレストランであった。宏が行きたかったのは、そんな地元のレストランである。観光客はまったく入っていない。地元の人達だけで、アットホームな雰囲気で寛ぐことができる。スパゲッティは、いろいろ味わったが、特に細目のものが大変美味しかった。ホテルに帰り、純子に報告した。

　旅に幼児を同伴すると、何らかの問題を引き起こすことを実感させられた。

　宏の論文は、順調に進み、1年余りで完成した。この論文を審査

第1章　ケンブリッジ大学とフィッツウィリアム・カレッジ

委員会に提出することを指導教官に相談し、了承を得て、提出した。審査委員会での審査に合格し、1976年1月、ケンブリッジ大学大学院比較法研究課程を修了し、Diploma 学位を取得した。このような経験は、宏が、将来、大学教授に転身する原点となるものであった。

　実のところ、宏としては、できることならケンブリッジ大学で博士号を取得することを望んだが、そのための必須条件としてケンブリッジ大学に3年間滞在することが要求された。

　大学で知り合いになったイギリスの研究者から、日本語を教える研究者を求めている大学があり、その大学に紹介してもいいというオファーをもらった。しかし、幼い子供2人を抱えている上に、勤務先の住友化学からは留学期間は2年間を限度とする約束であり、断念することになった。

　もっとも、将来、研究者になることを諦めたわけではない。住友化学に勤めながらも、研究生活も地道に送り、大学教授に転身することを目指すことにした。

　帰国後、宏は、日米の合弁会社である日本オキシラン株式会社への出向を経て、法務部に配属となり、法務部長として、国内の法律問題はもちろんのこと、外国企業との国際契約の交渉のため、何度も、イギリス、アメリカ、ブラジル、韓国、シンガポールやインドネシアなどに出向いた。これらの実務経験は、宏の研究分野である国際取引法の研究に資することが多かった。

　宏は、46歳の時に、母校の京都大学に、大学院博士課程卒業後の研究者を他の大学等からも受け入れる研修生という制度があることを知って、以前から知り合いの京都大学法学部川又良也教授に指導していただけないかを本人に打診し、快諾を得ることができた。もっとも、年に1回程度、指導教授と会食して、おしゃべりを楽しんだにすぎない。

33

6年後に博士論文を書き上げ、指導教授にチェックしていただき、必要な修正を加えて完成し、博士論文として正式に提出した。川又教授を含む3名の博士論文審査委員会では、鋭い質問もあったが、無事合格し、博士号を取得することができた。

　後で聞いたところによると、京都大学では、法学の博士号を授与されることはきわめて難しいということであった。むしろ、東京大学の方がもっと易しいとのことであった。

　宏は、法学博士号の取得で自信を得て、大学教授に転身することを真剣に考えるようになってきた。すでに53歳である。

　ちょうどその頃、宏の上司であった外国部長が、住友化学の関係先のサカタインクス（印刷用インク業界第2位）の社長になっており、三顧の礼で迎えたいから、その会社に来ないかと誘われた。しかし、大学教授への転身を決意していたから、丁重に辞退した。もし、その誘いに応じていたら、当該会社の社長になっていたであろうが、宏に悔いはなかった。

　時を同じくして、転身先の大学を探すために、ケンブリッジ時代に知り合いになった筑波大学社会人大学院の教授に相談したところ、「明治大学であれば受け入れてくれると思うけど、私の勤務先の大学院に来ませんか。ちょうど、博士課程を開設するために、必要な教員を探しているところなので、いかがですか」と誘われた。

　宏は、「是非とも、お願いいたします」と応じた。必要な書類一式を教授に渡した。教授の勤めている筑波大学では、新規採用の教員については全学の人事委員会で採否を決することになっており、当該教授が説明者として人事委員会に出席した。その書類の中に、京都大学の法学博士号取得の要件の一つとして、事後にその博士論文を出版することが条件になっており、その著書が入っていた。人事委員会では、この著書が大変評価されたらしく、古参の医学部教授から「こんなすばらしい人材が民間企業によく居たものですね。わが大学に来てくれて大歓迎です」と褒められたとのことであっ

第1章　ケンブリッジ大学とフィッツウィリアム・カレッジ

た。

　このような経緯で、宏は、筑波大学社会人大学院の教授となった。この社会人大学院は、文部科学省の全面的な支援の下に、全国で初めて夜間大学院として設立された。

　同僚の教授・助教授は、それぞれの専門分野で著名な研究者であり、共に講義や研究指導を行うことは、刺激となった。

　修士課程と博士課程の院生に国際取引法の講義のみならず、卒業論文の指導をした。宏の指導の下で博士論文を書いて博士課程を修了した3名の院生は、後に筑波大学、一橋大学、東海大学の教授になった。

　　　［注］
　　　1　今治国際ホテル ― Wikipedia
　　　2　ケンブリッジ大学 ― Wikipedia

第2章　ケンブリッジから北方面

　宏が2階を借りていたビア家の隣に、日本人家族が一軒家を借りていた。その借主は、日本からの留学生で、電子工学を専攻していた。ケンブリッジ大学に来る前に、エディンバラ大学で2年間学んでいた。しかし、勉学の成果が一応は実ったが、それに満足できないので、ケンブリッジに来たということであった。

　いつ訪ねても、小学校低学年の2人の男の子が元気よく家中を駆け回っていた。宏は、時々、奥さんに誘われて、おにぎりをご馳走になった。

　宏がケンブリッジに来てから5か月後、マルベリィクローズに引っ越すときには、いろいろ手伝ってくれた。

　純子達がマルベリィクローズに来てから1か月後、おにぎりや引っ越しでお世話になったお礼に、ご夫妻をマルベリィクローズの家に招待し、夕食を共にした。

　そのような経験から、宏はエディンバラに関心をもっていた。

「エディンバラは素敵な街のようだね。鉄道で行って、2泊してはどうかしら」と宏は純子に提案した。
「大賛成。スコットランドの首都でしょう。ぜひ行ってみたい」と純子は応じた。

　エディンバラ（Edinburgh）[1]は、スコットランドの首都であり、ロージアン地方の首府である。

　スコットランドの東岸、フォース湾に面するこの都市は、スコットランドにおける政治と文化の中心であり、グラスゴーと共に2大都市の一角を占める。旧市街と新市街の美しい町並みは、ユネスコの世界遺産に登録されていて、旧跡など観光資源が豊富である。街の中心にカールトン・ヒルと呼ばれる小高い丘があり、街を一望で

第2章　ケンブリッジから北方面

きる。毎年8月にはエディンバラ・フェスティバルと呼ばれる芸術祭典が行われ、多くの観光客で賑わう。学術都市でもあり、世界的な名門であるエディンバラ大学がある。

　地名は「エドウィンの城」の意味。一方、ブリトン人のゲール語で険しい丘を意味するエディンと後に攻略したアングル人が、砦を意味するバラを付けたとする見解がある。火山の溶岩の上に形成された城郭都市であり、地盤が強固である。

　スコットランドのローランドに位置するエディンバラは北にフォース湾が控え、西へ100kmほどのところにグラスゴーがある。

　地質時代のデボン紀から石炭紀にかけて、約4億年前に初めて火山活動が発生した。3億5000万年前に2回目の火山活動で火山円錐丘が作られ、2億8500万年前に岩脈、そして2億5000年前に地震が起こり、200万年前には氷河におおわれた。2度の火山活動で噴出した玄武岩溶岩の上に街ができている。町の目印となるキャッスル・ロックは、ほぼ左右対称の円筒状の玄武岩でできており、450フィートの高さがある。

　エディンバラ城の場所やアーサーの玉座（Arthur's Seat）と呼ばれる岩山は溶岩が氷河に削り取られた後の残丘である。

　エディンバラ城（Edinburgh Castle）は、イギリスのスコットランド・エディンバラにある城。キャッスル・ロックという岩頸の上に建つ古代からの要塞。人間の定住は紀元前9世紀前後からといわれている。城内で最も古い建築物は12世紀初期のセント・マーガレット教会堂で、16世紀以前の建築物もいくつかある。エディンバラのシンボルであり、スコットランドでは、グラスゴーのケルビングローブ美術館・博物館に次いで多くの観光客が訪れている。イギリス指定建造物であり、現在、城の管理と運営のほとんどを行うのはスコットランド政府の外局であるヒストリック・スコットランドである。多くの城がそうであるように、エディンバラの要塞は軍事活動の中心地で、かつてはロイヤル・スコッツ連隊やロイヤル・スコッツ・ドラグーン・ガーズ連隊の本部があった。現在も城と陸

37

軍のつながりは深く、朝6時から9時まで城の城門に歩哨が立ち、スコットランド王の宝冠の警護に当たっている。エディンバラ城はいまだにセレモニー用の駐留部隊のいる数少ない城である。

ホリールードハウス宮殿（The Palace of Holyroodhouse）は、スコットランドのエディンバラにある宮殿である。1128年にデイヴィッド1世によって建てられた寺院が前身である。15世紀から、スコットランド国王夫妻の住居として使われてきた。宮殿はエリザベス2世の夏季の滞在地として使用されていた（女王は2022年9月8日に崩御）。

1128年にデイヴィッド1世が宮殿を建設させた地には、廃墟と化したアウグスティヌス派の寺院があった。寺院では、かつて多くの戴冠式や王族の結婚式が挙げられていた。修道院の屋根の一部が廃墟のまま、現在も残っている。寺院の礼拝堂は、イングランド王ジェームズ2世（＝スコットランド王ジェームズ7世）の時代に、群衆により破壊された。1691年、当時の新しいカノンゲイト教会は地元教会区の主教会として寺院にとってかわった。エリザベス2世はホリールード宮殿滞在の際、カノンゲイト教会で礼拝を受けていた。15世紀、現在の宮殿北側にゲストハウスが建てられた。宮殿建設前にはスコットランド中世の王たちの多くがここに泊まったが、15世紀後半から宮殿は王の住居となった。ホリールードで1430年に生まれたジェームズ2世は、ここで戴冠し、結婚している。1498年から1501年まで、ジェームズ4世はホリールードを言葉通りの宮殿にすべく、新しい建築物を建てた。宮殿は、寺院の西側の回廊に位置し、四角形に建てられた。礼拝堂、ギャラリー、王族の居室、大ホールを含む。礼拝堂は現在の北部分にあり、女王の私室は南部分にある。宮殿の玄関と王のロッジは西側である。ジェームズ5世は、1528年から1536年の間に現在の北西塔を加えた。この塔には、かつてメアリー・ステュアートが住んでいた部屋がある。ほとんどの部屋の木造の天井はメアリー・ステュアートの治世からあり、MR（Maria Regina）と IR（Jacobus Rex）というモ

ノグラムが記されている（MR はメアリー・ステュアート、IR は
その長男ジェームズ 6 世〈1 世〉を意味する）。メアリーとフラン
ソワ 2 世の結婚を記念して作られた紋章は 1559 年に刻まれたと信
じられているが、1617 年からあることがわかっている。謁見の間
と女王の寝室は、2 つの小塔のある部屋である。北側の小塔の部
屋では、1565 年 3 月 9 日、メアリーのいる前で彼女の秘書ダヴィ
ド・リッツィオの殺害が行われた。その後何世紀も、旅行客は床
にしみたリッツィオの血痕を見ることができた。ジェームズ 6 世
が 1603 年にイングランド王位に就くためロンドンへ去ると、宮殿
はもはや半永久的な王宮の座ではなくなった。ジェームズが再訪し
たのは 1617 年である。チャールズ 1 世は 1633 年に訪問し、ホリー
ルード僧院でスコットランド王として戴冠した。1650 年、事故か
策略のどちらか不明だが、宮殿はオリヴァー・クロムウェルと配下
の兵士らが滞在中に炎上した。クロムウェルは宮殿を再度建て直
したが、彼の再建部分はチャールズ 2 世の命で再度建設し直され、
1671 年から 8 年かけて建築家ウィリアム・ブルースの手で現在の
形にされた。ジェームズ 7 世（2 世）はカトリック排斥の結果、軍
の職を解かれ、1679 年から 1682 年までホリールードに住んでい
た。1707 年の後、宮殿はスコットランド貴族の議員選出の場とし
て使われた。チャールズ・エドワード・ステュアートはジャコバ
イト運動の盛り上がった 1745 年の 5 週間、ホリールードに滞在し
た。フランス革命が勃発すると、ジョージ 3 世は、ルイ 16 世の弟
アルトワ伯シャルル（のちのシャルル 10 世）をホリールードに住
まわせた。シャルルらが王座を追われ 2 度目の亡命を図ると、1830
年から 1832 年までホリールードに再び暮らし、オーストリア帝国
へ移っていった。現代になると、王は少なくとも宮殿で 1 週間滞在
している。女王エリザベス 2 世は、公式行事の一環でスコットラン
ドを訪問すると必ず滞在した（私的滞在にはバルモラル宮殿を利用
した）。この利用法は、1999 年にスコットランド議会が成立してか
らのことで、チャールズ 3 世、アン王女らイギリス王室のメンバー

がしばしば滞在する。一時は、スコットランドとつながりのある王女アンが自身の住居にするのではないかと広く期待されていた。宮殿において、エリザベス2世はスコットランド上級相と面会した。イギリスがEUの議長国であったとき、欧州会議がここで開催された。エリザベス2世や王室メンバーの滞在がない場合、宮殿は一般に公開される。

　エディンバラの旧市街を東西にまっすぐ貫くメインストリートが「ロイヤル・マイル」。西端にはエディンバラ城、東端にはホリールードハウス宮殿が位置し、その間約1マイルの石畳の一本道。通り沿いには石造りの歴史ある建造物が建ち並び、一本道になった石畳の大通りであるロイヤル・マイルは、西から東へキャッスル・ヒル、ローンマーケット、ハイストリート、キャノンゲートと4つの名前に変わっていく。西端のエディンバラ城と東端のホリールードハウス宮殿を結ぶ、まさに「ロイヤル」な通りで、石造りの威厳ある古い家や歴史的建造物が建ち並び、カフェ・レストランやギフトショップ、パブなどが入っている。

　井原一家は、ケンブリッジ駅からエディンバラ駅まで鉄道で行った。エディンバラには2泊の予定である。宿は、ケンブリッジ市内のトラベルビューローで手配した。

　純子は、幼い2人の子供連れで、しかも望をバギーに乗せているので、どんどん歩いて行く宏に追いつけない。その距離は広がる一方である。1歳の望がぐずつき始めた。

　純子は、「あなた待ってちょうだい」と叫んでいる。とうとう望が泣き始めた。

「すまない、ついつい自分のペースで歩いてしまった。君達のペースに合わせる」と宏は謝った。

　宏は、お詫びの印として、純子に素敵なネックレスを買ってあげた。

「エディンバラ城、ホリールードハウス宮殿、そしてロイヤル・マ

40

イルは、見応えがあったね」と宏は純子に語りかけた。
「ええ、とくにロイヤル・マイルは、歩いていて楽しかったわ」と
純子は応じた。

　ケンブリッジでの生活に慣れた頃、宏は純子に、「ケンブリッジ
の周辺で行きたいところはないかね」と尋ねた。
「そうね、ハンティンドンはフィッツウィリアム・カレッジのすぐ
側を北東に遡ったところにあり、クロムウェルが生まれた町だか
ら、一度行ってみたいわ」と答えた。
「それじゃ、行くことにしよう」と宏は応じた。

　ハンティンドン（Huntingdon）は、イングランド・ケンブリッジ
シャーのマーケット・タウンである。
　1205年にジョン王によって行政的には非都市ディストリクトの
ハンティンドンシャーに属している。以前は歴史的カウンティのハ
ンティンドンシャーのカウンティ・タウンであったが、現在は非都
市ディストリクトのハンティンドンシャーの行政上の中心である。
　1559年にオリヴァー・クロムウェルが誕生した地として知られ
ている。アングロ・サクソン人およびデーン人によって町は創設さ
れた。
　オリヴァー・クロムウェル[2]は清教徒革命（イングランド内戦）
では鉄騎隊を指揮してエッジヒルの戦いやマーストン・ムーアの戦
いで活躍し、ニューモデル軍（新模範軍）の副司令官となる。ネイ
ズビーの戦いで国王チャールズ1世をスコットランドに追い、議会
派を勝利に導いた。護国卿時代には独裁体制を敷いた。
　イングランド東部・ハンティンドンシャーのピューリタンであ
り、ジェントリ階級の地主の家庭に生まれる。高祖母キャサリンの
兄（または弟）にヘンリー8世の元で「行政革命」を実施した政治
家トマス・クロムウェルを持つ名家であった。
　ケンブリッジ大学で学び、強い回心の経験を経た結果、生涯

ピューリタンを貫いた。1628年に庶民院議員となるも、翌1629年の議会解散後、また故郷に帰って治安判事となり、1631年に土地を売ってセント・アイヴスに移り牧場を経営したが、1638年にイーリーに移った。

　クロムウェルは1640年の短期議会及び長期議会にはケンブリッジ選挙区から選出された。長期議会では議会派に属して、国王の専制に断固として対峙する論陣を張るジョン・ピムの下で星室庁の廃止をはじめとした王権を縮小する数々の法案や議会の大諫奏・民兵条例などの重要法案の起草に携わり、清教徒革命では議会派と王党派との対立から内戦が不可避となると第一次イングランド内戦においては軍の指揮官となって王党派と戦った。

　1642年10月23日、エッジヒルの戦いでの敗戦直後、クロムウェルは従兄で議会軍の大佐ジョン・ハムデンに「酒場の給仕や職人の軍隊で上流人士の騎士たちと戦を続けることは難しい。これからは信者の軍をつくらなければならない」と語った。国王軍に対抗してノーフォーク・ケンブリッジシャーなど5州が連合した東部連合にクロムウェルは手勢1000名余りを引き連れて参加した。この連隊はクロムウェルが私財1100〜1200ポンドを投じてつくった。教派にこだわらず、キリスト教徒であれば誰でも連隊で用いられた。ジェントリ、ヨーマンが中心であったこのクロムウェルの連隊は鉄騎隊とよばれた。これは後のニューモデル軍の中核となった。エッジヒルの戦い後、国王軍はオックスフォードに本拠を置き北部・西部を抑え、議会軍はロンドンを拠点に南部・東部を支持基盤とした。1643年10月11日のウィンスビーの戦いでは、東部連合軍司令官マンチェスター伯エドワード・モンタギューに従いヨークシャーで苦戦しているトーマス・フェアファクスの救援に向かい、リンカンシャーで合流し王党派と激突した。戦闘では「詩篇を歌い感謝しつつ」突撃し、リンカンシャーから王党を一掃した。その後ヨークシャーやニューベリーなどで中小規模の戦いが続いたが、1643年の間は大勢としては国王軍有利に進み、国王軍は何度もロンドンを

窺う情勢にあった。議会軍が劣勢だった理由は、その編成にあったといわれる。国王軍は正式に令状が出されて集められ、訓練・戦闘経験を積んだ者も多かった一方、議会軍は民兵を主力とする混成部隊だった。民兵は地方意識が強く、国全体のこととなると士気を高く保てなかった。また、装備・訓練・実戦経験において貴族の率いる国王軍に及ばなかった。特にアドウォルトン・ムーアの戦いではその弱体さが際立った。後にクロムウェルは当時を顧みて、民兵の混成部隊だった議会軍を「よぼよぼの召使いや給仕やそんな連中」と述懐している。1644年7月2日、マーストン・ムーアの戦いでカンバーランド公ルパートの騎兵と直面し、潰走させて武名をあげた。しかし議会軍全体はまだ弱く、全面攻勢をかけるほどの力はなかった。はかばかしくない戦況を見て、議会派は軍の再編を急いで進めた。東部の諸州が連合してつくられた東部連合軍をはじめ、西部連合軍なども編成され、議会軍の組織化が進んだ。これらの再編によってただちに議会軍が精強になったわけではなく、軍の内外で様々な問題を抱えていた。議会内の見解の一致がとれていないことや、革命の目指す方向がないことなどがその主な理由であった。クロムウェルは当時、東部連合軍の騎兵隊長であった。1645年頃には、議会軍は辞退条例制定など軍隊の編成改革を行い、優柔不断な行動で戦略に悪影響を与え続けたマンチェスター伯とエセックス伯ロバート・デヴァルーなどの指揮官は排除され、東部連合軍・西部連合軍などを統合し、議会の統制下で一元的に再編成された新しい軍をニューモデル・アーミーとした。総司令官はフェアファクスが就任、クロムウェルはニューモデル軍結成にあたって副司令官となった。1645年6月14日のネイズビーの戦いでは、議会軍は左翼にヘンリー・アイアトン少将、右翼にクロムウェル中将が布陣した。鉄騎隊は激しい攻撃によってじりじりと国王軍を押し返し、国王本隊に迫りつつある時、チャールズ1世は親衛隊を割いて鉄騎隊を追い払おうとした。ところがこの命令が誤って伝わり、親衛隊は後退してしまった。クロムウェルはこの隙を見逃さず、チャールズ

1世の歩兵連隊を壊滅させた。いっぽう左翼でもアイアトンの部隊が攻め、国王軍は左右から挟撃され、国王軍は総崩れとなった。この戦いによって、国王軍は壊滅的な損害を被った。議会派はこの勝利をイングランド中に宣伝し、勝利を印象づけた。兵糧や大砲は議会軍に接収され、国王軍の再建は事実上不可能となった。内戦はさらに1年続いたが、国王軍は劣勢を逆転することはできず、チャールズ1世はスコットランドに亡命を余儀なくされた。だがスコットランドにも見捨てられ、議会の監視下でハンプトン・コート宮殿で軟禁状態に置かれた。内乱の終結後、議会主流派で王室との妥協を求める長老派が議会軍の解散を要求してきたが、議会軍の中核となっていたクロムウェルの所属する独立派、及び急進的な平等派（水平派とも）は国王との妥協を許さず、議会軍の解散を拒絶し、対立し始める。のみならずニューモデル軍内部でも政治改革を唱える平等派と独立派が対立、クロムウェルは婿のアイアトンと共に軍の分裂を避けるべくパトニー討論で妥協を図ったが、互いの主張が噛み合わず決裂、議会の長老派と独立派の対立も解消されなかった。1648年にチャールズ1世はワイト島へ脱走、長老派であるハミルトン公ジェイムズ・ハミルトンと結んで「エンゲージャーズ」を結成して再び決起し、イングランドでの主導権を取り戻そうと南下したが、同年8月にプレストンの戦いでクロムウェルは自ら出馬してエンゲージャーズを大破し、これを鎮圧した（第二次イングランド内戦）。第二次イングランド内戦後、軍はさらなる強硬策に打って出て、『プライドのパージ』とよばれる軍事クーデターを敢行して長老派を議会から全員追放し、残った五十数名の議員のみからなる下院ランプ議会を承認し、イングランド共和国の樹立を宣言。ランプ議会は1649年1月にチャールズ1世の処刑を執行した（レジサイド）。

　共和国の指導者となったクロムウェルは、続けて平等派も弾圧し始め、中産市民の権益を擁護する姿勢を取るようになる。重商主義に基づいた政策を示し、同時に貴族や教会から没収した土地の再分

配を行った。カトリックのアイルランドやスコットランドは1649年から1651年にかけて反議会派の拠点であった。クロムウェルはアイルランド遠征軍司令官兼アイルランド総督に任ぜられて侵攻を始め、1649年8月にダブリンに上陸、続いてドロヘダ、ウェックスフォードを攻め、ドロヘダ攻城戦・ウェックスフォードの略奪などの戦闘を始め各地で住民の虐殺を行う（クロムウェルのアイルランド侵略）。アイルランドはクロムウェルの征服により、以後はイングランドの植民地的性格が強い土地となる。

　1650年5月に後事を副官のアイアトンに託して帰英し、チャールズ1世の皇太子チャールズ（後のチャールズ2世）がスコットランドに上陸したのを討つため、7月にフェアファックスに代わり総司令官としてスコットランドに遠征（第三次イングランド内戦）、1650年9月3日のダンバーの戦いで王党派を蹴散らし、翌1651年9月3日のウスターの戦いでチャールズ率いるスコットランド軍も撃破、チャールズを大陸に追いやった。1651年の「クロムウェル航海法」とよばれる航海条例の制定には、クロムウェル自身は関わっていない。しかしこれが議会を通過したことによってオランダの中継貿易を制限することになり、1652年の第一次英蘭戦争（英蘭戦争）の引き金になった。中産市民は王党派による反革命の可能性もあったため、クロムウェルの事実上の独裁を支持した。クロムウェルは1653年4月20日に軍と対立したランプ議会を解散、続けて成立させたベアボーンズ議会も急進派による改革で混乱が生じると12月12日に解散、12月16日に終身護国卿（護民官）となり、次のような対外政策を展開した。1654年にオランダと講和し（ウェストミンスター条約）、スウェーデン、デンマーク、ポルトガルと通商条約を結ぶとともに、スペインに対する攻撃を開始し（英西戦争）、ウィリアム・ペン率いる艦隊をイスパニョーラ島に派遣、1655年にジャマイカを占領し、同年フランスと和親通商条約を結び、1657年に同盟（パリ条約）に発展させ、1658年のフランス・スペイン戦争（西仏戦争）では、砂丘の戦いで英仏連合軍がスペイ

ンに勝利、ダンケルクを占領した。一方、国内においては成文憲法である『統治章典』に基づき1654年9月3日に招集した第一議会を1655年1月22日には解散させ、全国を11軍区に分けて軍政監を派遣し、純然たる軍事的独裁を行った。だが1656年9月17日に第二議会を招集、翌1657年3月に統治章典を修正した『謙虚な請願と勧告』が議会で成立すると5月に受諾し軍政監を廃止。議会によって国王への就任を2度にわたって望まれるが、これを拒否して護国卿の地位のまま統治にあたった。同年にユダヤ人の追放を解除し、これによって1290年7月18日のエドワード1世による追放布告以来350年ぶりにユダヤ人が帰還した。

　1658年にクロムウェルはインフルエンザで死亡し、ウェストミンスター寺院に葬られた。跡を継いだ息子のリチャード・クロムウェルは翌1659年に第三議会を召集したが軍の反抗を抑えきれず、議会解散後まもなく引退し、護国卿政は短い歴史に幕を下ろした。

　その後、長老派が1660年にチャールズ2世を国王に迎えて王政復古を行うと、クロムウェルはすでに死亡していたアイアトンや国王裁判において裁判長を務めたジョン・ブラッドショーとともに反逆者として墓を暴かれ、遺体はタイバーン刑場で絞首刑の後斬首され、首はウェストミンスター・ホールの屋根に掲げられて四半世紀晒された。その後、クロムウェルの首は何人かの所有者を経て、現在では母校であるケンブリッジ大学のシドニー・サセックス・カレッジに葬られた。息子リチャードは国内の混乱を収められず亡命したが、1680年頃にこっそりと帰国している。

　クロムウェルの死後、王政復古によってクロムウェルは「王殺し」「簒奪者」と徹底的に貶められたが、18世紀に入るとアイザック・キンバーやジョン・バンクスによって見直しが行われ、19世紀に入ると更にイギリス知識人による再評価が進み、トーマス・カーライルは『英雄論』でクロムウェルを英雄の一人として取り上げ、フレデリック・ハリソンは軍人としてのクロムウェルを「我が国の歴史に一人二人を数えるだけである」と高く評価した。一方、

46

クロムウェルの死後結局王政に戻ったため、現在のイギリス国民は彼を評価しない人も多い。数百年経った今も、類稀な優れた指導者か強大な独裁者か、歴史的評価は分かれている。

　宏は純子に、「イーリー大聖堂がケンブリッジの北東にあって、ごく近いところにあるよ。この大聖堂は非常に有名だから、イーリーに行ってみよう」と誘った。

　イーリー（Ely）[3] は、イギリスのイングランド東部、ケンブリッジシャーの都市。ケンブリッジの北東23kmにある。人口1万9189人（2021年）の小さなシティである。イーリーは司教座都市であるため非公式ではあったもののシティとされており、1974年にロイヤル・チャーターが授けられたことで正式にシティとなった。イーリーはイングランドで3番目に小さなシティであり、イギリス全体では6番目に小さい。

　市には歴史的な建造物があり魅力に富んでいる。毎週木曜日から土曜日まで市場が開かれる。イーリーはグレート・ウーズ川のほとりにあり、18世紀に泥沢地帯（The Fens）が干上がってしまうまでは目立った川港であった。周囲が干上がったことでイーリーは島ではなくなってしまった。川は、広大なマリーナのある人気のある船遊び地帯である。ケンブリッジ大学のボートチームはグレート・ウーズ河岸にボートハウスを所有し、オックスフォード大学と毎年対戦するザ・ボート・レースのためにここで練習をする。1944年度のボート・レースは、イーリー近郊のグレート・ウーズ川で行われた。これは唯一テムズ川で開かれなかったボート・レースである。この時のレースは初めはケンブリッジ大学がリードしたにもかかわらず、オックスフォード大学が勝った。

　市の原型は、673年に創建された修道院にあった。それはクレイテンデューン（Cratendune）の村の北1.6kmにあり、聖エセルレダ（イースト・アングリア王アンナの娘）の庇護下にあった。修道院

は870年にヴァイキングの襲来で破壊され、100年以上再建されなかった。この地は、ウィリアム1世の支配に対しイングランドで最後まで抵抗した場所の1つであった。伝説的なサクソン人首領、ヘリワード・ザ・ウェイクは1071年まで降伏しなかった。

　壮麗な、通称イーリー大聖堂と呼ばれる、正式名「聖なる不分割の三位一体教会聖堂」は、Fensと呼ばれた低地に広がる泥沢地帯をその塔から遠く眺められていたことから『フェンスの船』という呼び名で知られてきた。イーリーの司教座は、リンカン司教座の外に1108年に創設された。大聖堂は1083年のウィリアム1世の代に工事が始まり、1351年に完成した。その間、1322年には主要塔が崩壊し8角形塔に再建されているので、西塔と共に目立った外観になっている。イーリー司教管轄区は1109年に設けられた。市は1381年に起きた農民反乱に巻き込まれた。

　オリヴァー・クロムウェルは1636年に徴税人の地位を継承後、数年間イーリーで暮らしていた。16世紀からあるかつての彼の家は、当時の物を展示した美術館であると同様、現在観光情報局のオフィスとなっている。

　イーリー大聖堂は、近接する都市ケンブリッジの大聖堂である。ケンブリッジは自前の大聖堂を持っておらず、イーリー主教座の管轄内にある。主教座はケンブリッジシャーの3900km²の教区と、341軒の教会、61万人の信者（1995年）を抱えている（南部の一部はチェルムスフォード主教区、西部はノーフォーク主教区、一部の教区がピーターバラとエセックス、そして1つがベッドフォードシャー内にある）。

　宏は、大聖堂のすぐ隣にカフェを見つけて、純子を誘った。
「観光客向けではないようだが、ともかくも一休みしよう」と宏は言った。
「本当ね。地元の人達で一杯のようね。でもこんな雰囲気の方がいいなあー。みんな、のんびりと、おしゃべりを楽しんでいるわ」と

第2章　ケンブリッジから北方面

純子は応じた。

「私達も地元の人達と言ってもいいかもしれないな」と宏は頷いた。

　最初の帰国から何度目かのケンブリッジ大学訪問の時、「今回は、シェイクスピアの故郷であるストラトフォード・アポン・エイヴォンに行きたいね」と純子を誘った。

「ケンブリッジからそう遠くもないから、ぜひ行ってみたいわ」と純子は応じた。

　ストラトフォード・アポン・エイヴォン（Stratford-upon-Avon）[4]は、イングランド中部のウォリックシャーにあるタウンかつ行政教区。エイヴォン川に面している。文豪ウィリアム・シェイクスピアの故郷として世界的に知られており、年間250万人もの観光客が訪れる。

　ストラトフォードはアングロサクソンの起源を持ち、中世には商業都市だった。この都市に対する最初の認可状が下されたのは1196年であり、町の歴史は800年以上に及ぶ。

　1769年、俳優デイビッド・ギャリックは盛大なシェイクスピア記念祭を行った。3日を超えるこの記念祭では巨大なロタンダが建設され、多くの観光客が殺到した。このシェイクスピア崇拝現象はストラトフォードの観光業に大きく貢献した。

　ロイヤル・シェイクスピア・カンパニー（Royal Shakespeare Company, RSC）の劇場の1つであるロイヤル・シェイクスピア・シアターは、ウォリックシャーのエイヴォン川岸にある。RSCは他に2つの劇場、スワン・シアターとジ・アザー・プレイスを運営する。

　このほか、シェイクスピアの生家やニュー・プレイス、ナッシュの家をはじめとするシェイクスピアゆかりの家々が保存・公開されている。

49

シェイクスピアの生家を見学した後、「シェイクスピアが誕生した部屋には立派な天蓋付きのベッドがあったね、彼の家はかなり豊かだったのだなあ」と宏は感想を述べ、純子も頷いた。

2人は、車でヨークまで足を延ばすことにした。イギリス最大のゴシック聖堂、ヨーク・ミンスターを見学したかったからである。ヨークで1泊する計画である。

ヨーク（York）[5] は、イングランド北部ノース・ヨークシャーの単一自治体かつシティである。

都市として創設されたのは紀元71年、第9軍団ヒスパナがブリガンテス族を征服し、フォス川とオウス川の交わる平地に軍事要塞カストラを建設した時であった。要塞はのち石で再建され、総面積は50エーカー（20 ha）で6000人の兵士が暮らした。ローマ時代の要塞のほとんどは今ヨーク・ミンスターの基金管理下にあり、ヨーク・ミンスター内地下室の遺跡は原型の城壁を露わにしている。

ハドリアヌス、セプティミウス・セヴェルス、コンスタンティウス1世らローマ皇帝は全員、彼らの遠征の最中、ヨークで宮廷をかまえた。滞在期間、セヴェルス帝はヨークをブリタニア・インフェリオル県の首都とするよう命じた。彼はヨークにコロニア（植民都市）か都市の特権を与えようとしたのだった。コンスタンティウス1世は滞在時にヨークで亡くなり、彼の子コンスタンティヌス1世は要塞内の軍隊を前に即位を宣言した。

7世紀のヨークは、アングロサクソン人のノーサンブリア王エドウィンの主要都市だった。最初のミンスター教会は、627年にエドウィン王が洗礼を受けた時期に建てられた。エドウィンはこの小さな木造教会を石造りに再建させたが、彼は633年に敗死し、石造りのミンスター完成の義務は彼の後継者オズワルドへ引き継がれた。

866年、ノーサンブリアはヴァイキングが急襲しヨークを獲得した際、内戦の真っ只中にいた。ヴァイキング支配下で都市は主要川

第2章　ケンブリッジから北方面

港へと成長し、北欧へ広がるヴァイキングの拡張する貿易航路の一部となった。ヴァイキングたちは、新たに獲得したこの街を「ヨルヴィーク」と呼んだ。独立の最後の支配者エリク・ブラッダクセは965年にヨークからエドレッド王より駆逐され、イングランドの再統合は完成した。

1069年、ヨークはウィリアム征服王によって敵とみなされ破壊された。古いアングロサクソン期のヨーク・ミンスターはこの時の火災で致命的な損傷を受け、ノルマン人はまっさらになった場所に新たなミンスター建設を決めた。1080年頃の大司教トーマス1世の時代に大聖堂建設が始まり、これが現在のミンスターである。ヨークは再び繁栄し始め、特に羊毛で有益な港と商業中心地となった。ヘンリー1世はヨークへ最初の特権を授け、イングランド及びヨーロッパでの貿易権を認証した。

1190年、ヨークはユダヤ人居住地への悪名高いポグロムが行われた地だった。ユダヤ人らは、市の防御施設の一つヨーク城のクリフォーズ・タワー内を聖地とみなした。城を急襲する準備をする間、群衆は罠にかけたユダヤ人たちを数日間包囲した。ユダヤ人自身か迫害者の方か定かでないが、ただちに火が放たれ、150人のユダヤ人が死んだ。

都市はテューダー朝の間に下り坂を経験した。ヘンリー8世のもと、修道院解散で、教会主義と社会の中心であった、ヨークの修道院は終わりを迎えた。ヘンリー8世はヨークにノース・カウンシルを創設し、エリザベス1世治下で重要性を増し、復興を遂げていった。

1644年、イングランド内戦中、議会軍はヨークを包囲していたが（ヨーク包囲戦）、1万5000の兵を引き連れた王子ルパートが到着すると、包囲は解かれた。議会軍はヨークからわずか6マイルの所へ追撃するルパートとともに後退し、彼の主要軍が向かう前にマーストン・ムーアの戦いで圧倒的に打ち負かした。ルパート軍1万5000人のうち、少なくとも4000人が戦死し1500人が捕虜と

51

なった。再度ヨークは議会軍に包囲されたが、市は長くこれに耐え、7月15日にトーマス・フェアファクスに降伏した。

1660年に王政復古がされ、1688年にヨークから駐屯地が取り除かれた。ヨークは徐々に地元貴族やジェントリ階級によって支配されるようになった。近隣都市リーズとキングストン・アポン・ハルとの競争の結果としてヨークは貿易中心地としての抜群の地位を失ったが、北部イングランドの社会的・文化的に富む地として今もある。この時代からヨーク協会やロイヤル劇場、ヨーク・レイスコースのような、優雅なタウンハウスが建てられた。

ジョージ・ハドソンが1839年にヨークへ鉄道を引く責任を負った。鉄道企業家としてのハドソンのキャリアを通して、すぐに鉄道のない町の不名誉は終わり、この時からヨークは主要鉄道センターとなった。20世紀に鉄道は本拠をおいてノース・イースタン・レイルウェイの仕事をもたらし、ヨークで5000人以上を雇用した。鉄道は製菓会社ロウントゥリーズとテリーズの事業拡大に貢献することとなった。町の周囲は12世紀から14世紀にかけて築かれたという城壁に取り囲まれ、城壁は所々途切れている所もあるが、ほぼ城壁の上を通って街の中心を一周することができる。北ヨーロッパで最大のゴシック建築寺院であるヨーク・ミンスターが市の中央に位置する。ヨーク大主教は、イングランド国教会ではカンタベリー大主教に次ぐ席である。

ヨーク・ミンスターまたはヨーク大聖堂（York Minster）は、イギリス、ヨークにあるイングランド国教会の大聖堂。イングランド国教会ではカンタベリー大主教に次ぐ高位聖職者のヨーク大主教が管理する、ヨーク管区およびヨーク教区の主教座聖堂である。運営はヨーク・ミンスター主席司祭が行っている。

華飾式のイングランド・ゴシック様式の本堂には、幅の広い身廊、参事会場、垂直様式の聖堂東側と合唱隊席、イングランド・ゴシック様式の北側、南の翼廊がある。本堂には1338年につくられた西側窓が、東側のレディー・チャペルには大東側窓（1408年完

成。中世のステンドグラス窓としては世界最大級）がある。北の翼廊には五人姉妹の窓（Five sisters Window）と呼ばれる高さ16 mのランセット窓（Lancet Window、幅が狭く高さのある窓）が並ぶ。南翼廊にはバラ窓がある。現在の姿になったのは1472年である。北ヨーロッパではケルン大聖堂に並ぶ最大級の聖堂建築物で、寸法は長さ160 m、幅68 m、高さ72 mである。ミンスターの地下には、ローマの遺跡がある（71年にローマ帝国第9軍団6000人が駐屯）。

　3世紀からヨークにはキリスト教徒がいたことが確認されている。627年、ノーサンブリア王エドウィンの洗礼式用に木造の教会が建てられた。637年、ノーサンブリア王オズワルドによって木造教会が完成し、彼は建物を聖ペトロへ捧げた。しかしすぐに改修が繰り返され、8世紀には付属の学校と図書館がつくられた。670年、聖ウィルフリッドがヨーク大司教となる。741年、教会は火事で焼け落ちた。教会とその周辺地域は、10世紀まで幾度もの異民族侵攻に悩まされることになる。この時代、ヨーク大司教はベネディクト会出身者から輩出されていた。1075年、デーン人の侵攻で大聖堂は破壊され、1080年から再建が始まった。ノルマン様式建築であったこの大聖堂は、1137年の火災で損傷した。ゴシック様式による大聖堂建設が始まったのは12世紀半ばであった。大聖堂が現在の形となったのは、聖化された1472年であった。1534年、カトリック教会から分離したイングランド国教会の大主教によってイングランド宗教改革がもたらされ、大聖堂の財宝の多くが略奪され、属する土地が失われた。エリザベス1世時代には、カトリック教会の痕跡全てを大聖堂からぬぐい去ろうと、墓、ステンドグラス窓、祭壇の多くが破壊された。イングランド内戦中の1644年には、ヨークはオリヴァー・クロムウェル軍に包囲され降伏したが、トーマス・フェアファクスが大聖堂へのさらなる危害を阻止した。宗教的な緊張が緩和された後、大聖堂修復の作業がいくつかなされた。1730年から1736年までかけ、ヨーク・ミンスターの床全面に模様の付いた大理石が敷かれた。しかし、1829年2月2日、非国教主

義者で画家ジョン・マーティンの兄、ジョナサン・マーティンの放火によって東側が激しく破壊され、1840年の失火は、本堂、南西塔の通路、南側通路の屋根を燃やし、外観を黒こげにした。深刻な負債を抱えた大聖堂は1850年代に聖務を停止した。しかし1858年からオーガスタス・ダンコムが大聖堂復興を成功に導いた。1955年、大聖堂北翼廊に天文時計が設置された。

「ヨーク・ミンスターの内部のステンドグラスは見事だね。なんて美しいのだろう」と宏は純子に問いかけた。
「これほどのステンドグラスは見たことがないわ」と純子も頷いた。

　　［注］
　　1　エディンバラ —— Wikipedia
　　2　オリヴァー・クロムウェル —— Wikipedia
　　3　イーリー —— Wikipedia
　　4　ストラドフォード・アポン・エイヴォン —— Wikipedia
　　5　ヨーク（イングランド）—— Wikipedia

第3章　オックスフォード大学

　宏は純子に「イギリスでケンブリッジ大学と並び称されるオックスフォード大学に興味はあるかね」と尋ねた。
「オックスブリッジと言われているので、もちろん興味をもっているわ。ぜひ見学してみたいわ」と純子は応じた。
「図書館は特に有名だね。そのほかの面でも、ケンブリッジの町とオックスフォードの町の比較、ケンブリッジ大学とオックスフォード大学の比較は面白いだろうね」と宏は興味を示した。

　オックスフォード大学（University of Oxford）[1] は、イギリスの大学都市、オックスフォードに所在する総合大学である。11世紀の末に大学の礎が築かれていることから、現存する大学としては世界で3番目に古く、英語圏では最古の大学であり、ケンブリッジ大学と共に「オックスブリッジ」としてイギリス最高峰の大学として並び称される。各種の世界大学ランキングで1位の大学に選ばれるなど（例えば「タイムスハイヤーエデュケーション」では、2017年から5年連続で1位）、ハーバード大学、ケンブリッジ大学、マサチューセッツ工科大学、スタンフォード大学と共に世界トップ5大学として知られる。
　多くの政治家や学者を輩出し、政治家では28人のイギリス首相、30人以上の各国元首、73人のノーベル賞受賞者、150人以上のオリンピックメダリストなどがオックスフォードの出身である。6人のイギリス国王が学び、日本からも今上天皇、皇后雅子、秋篠宮文仁親王らの皇族が留学されている。
　学生数（2019年時点）は、学部生が1万1930人、大学院生が1万1813人で、160か国・地域からの留学生が4割を占める。
「オックスブリッジ」として並び称されるケンブリッジ大学は、オックスフォードから多くの教師と学生が1209年にケンブリッジ

55

に移住した出来事に端を発する。両校とも英語圏の古大学、欧州内の中世大学群に属し、イギリス伝統のカレッジ制を特徴とする大学である。入学式と卒業式はラテン語で行われる。

オックスフォード大学法学部（Oxford Law）は、ケンブリッジ大学、ハーバード大学、イェール大学と共に世界最高峰のロースクール（法科大学院）として知られている。公共政策大学院のオックスフォード大学ブラバトニク行政スクール（Blavatnik School）における社会政策・管理（Social Policy & Administration）分野でも、ハーバード大学、ケンブリッジ大学、ロンドン・スクール・オブ・エコノミクスと共に世界最高峰を誇る。オックスフォード大学医学部（Oxford Medicine）は、ハーバード・メディカル・スクール、ケンブリッジ大学医学部と共に世界最高峰のメディカルスクール（医学大学院）として知られている。また、オックスフォード大学サイード・ビジネス・スクール（SBS）は、ロンドン・ビジネス・スクール（LBS）、マンチェスター・ビジネス・スクール（AMBS）、ダラム・ビジネス・スクール（DBS）と共に、イギリス最古のビジネススクール（MBA 提供校）の一つとして名高い。

運営の最高責任者は総長（Vice-Chancellor）であり、2019 年時点の総長はルイーズ・リチャードソン。名誉総長（Chancellor）と呼ばれる職位は終身の名誉職であり、2016 年時点の名誉総長は香港総督を務めたクリストファー・パッテン。副総長（英称；Pro Vice-Chancellor）は 5 名の大学運営・学生担当教師と 7 名のカレッジの学長の計 12 名が務める。

設置形態は、英語圏では公立大学であると認識されている。法的根拠がイギリス国王の勅許状により設立された自治団体であること、大学財政審議会（UFC）を通じて国家から国庫補助金の配分を受けており、大学規模や文科・理科の配分比率が UFC により決定されていること、法的性質が明らかに違うバッキンガム大学などの私立大学が近年新設されたことによる。ただし、自然発生的な創立の歴史や高度な大学自治、独自の財産と安定収入のあるカレッジの

存在、日本でいう国公立大学とは解釈が異なる。

　オックスフォード大学の創立時期はよく解明されていない。大学としての正式な創立年は1167年と言われているが、全ての施設が一気に構築されたのではなく、長い年月をかけて徐々に形成されたものと考えられている。最古の記録として、1096年にオックスフォードで講義が行われていたという公式の記録が存在しており、少なくともこの時期に大学の前身となる教育施設が築かれていたことは確かであると考えられる。1167年、ヘンリー2世によって、イギリスの学生がパリ大学で学ぶことを禁じられたのをきっかけにオックスフォードに学者が集まり、パリから移住してきた学生たちによって大学が形成された。この時期から初期のホール（寮）が設立された。これらのホールはのちにカレッジ（学寮）へと発展した。1209年に殺人罪で告発された2人の学生が処刑されたことをきっかけに大学は一時解散し、これがケンブリッジ大学の設立につながった。1214年、ローマ教皇特使のニコラス・デ・ロマーニス（Niccolò de Romanis）による交渉の結果、オックスフォードにて大学を再開することが認可された。この大学の地位は1571年に『2大学法人に関する法令（Act for the Incorporation of Both Universities)』によって公式に制定された。ここで、大学の正式名称は「オックスフォードの大学の総長、修士、および学士（The Chancellor, Masters and Scholars of the University of Oxford)」と定められた。

　大学の運営は、学科（department）とカレッジ（学寮、college）が並列に行っており、カレッジと学科が複雑に相互依存している。学科の中には学部（Faculty）の名称を持つものもある。

　学科の集合としてディヴィジョン（Division）がある。具体的には、Humanities Division（人文学）、Medical Sciences Division（医科学）、Mathematical, Physical and Life Sciences Division（数理・物理・生命科学)、Social Sciences Division（社会科学）の4つ存在する。

　カレッジは39あり、大学への入学はカレッジに認められなけれ

ばならず、授与される学位も、学科での審査とカレッジの認証によって大学から与えられる。カレッジは、学生を学科に送って講義を受けさせる一方で、3人以下の少人数制の個別指導や、4〜15人程度の中規模のクラスを主催し、専門性が強くなると学科に委託する。学部生は、教育・生活の両面でカレッジへの依存性が強いが、大学院生になるとカレッジ外に住む割合も増え、学科にある研究室や図書館などで行う研究活動が中心になる。各カレッジは代々固有の財産と安定収入を持ち、伝統的な資産はイギリス各地の荘園、農園であり、近年では株式の割合も増えている。カレッジの資産を管理・運用するフェローのことをバルサーと呼ぶ。

　カレッジ制度では学生の多くと一部の教職員とが寝食を共にし、またそこで共に学ぶというシステムである。各カレッジには得意とする専攻分野があるが、基本的には様々な学問分野の研究者と学生が揃っており、学際的な環境にある。大学院生を含めた全ての学生と、ポスドク研究員を除く大学教職員は、カレッジと学科の両方に所属するが、カレッジや学科独自の役職もある。ケンブリッジ大学やダラム大学は、同種のカレッジ制を採用した大学であることから、毎年大学間でカレッジ対抗のスポーツイベント、ドオックスブリッジが開催されている。キリスト教系宗派の系統を持つカレッジも多く、特にクライストチャーチは、イングランド国教会オックスフォード教区の大聖堂でもあり、唯一大学の中にあり、大聖堂の規模としては英国最小であることを特色とする。イングランド国教会派以外にもカトリック系（トリニティ・カレッジ、セント・ジョンズ・カレッジ）、長老派系（ハリス・マンチェスター・カレッジ）、バプテスト系（リージェンツ・パーク・カレッジ）、福音派教会系（ウィックリフ・ホール）などのカレッジやパーマネント・プライベート・ホールがある。各カレッジの自治と宗派とのつながりも深く、その点では私立大学的要素も持ち合わせている。

　連合王国のうち、イングランド王国の大学都市、オックスフォード市に本部ならびにカレッジを置く。各カレッジをキャンパスとみ

なすこともできるが、学科（department）や中央図書館などを含めたものと考えるのが一般的であろう。また、ケンブリッジ大学の項にも記載があるように、学校用地という意味であれば、サイト（Site）が用いられる。

　中央機関として学部、図書館、科学施設と39のカレッジ、5つのホール（Permanent Private Halls; PPHs）があり、大学の教職員と学生は、カレッジまたはPPHsのうちいずれか1つに所属する。大学院生のみを受け入れるカレッジ、女性専用のカレッジ（St Hilda's）もある（St Hilda'sは2006年6月6日に男性の将来的受け入れに同意し、2007年10月より男女共学が始まった）。2つのカトリックPPHsのほか、St Benet's HallとCampion Hallは男子学生のみを受け入れている。

　教育は、講義だけではなく、個別指導に力を注いだ形態をとっており、特に学部生はカレッジごとに1対1〜5人程度の少数のグループでの教育を受ける。講義は学科（department）レベルで行われ、基本的には大学に所属していれば誰でも聴きにいくことができる。分野によって多少の差はあるが、基本的に講義の出欠を取ることはない。しかし試験は講義に沿った内容で学科（department）が行うため、カレッジ中心の教育体制ともいいがたい。

　学士の学位は第1級（First Class）、第2級上（Upper Second class）、第2級下（Lower Second Class）、第3級（Third Class）、合格（Pass）の5種類があり、一般的な科目では「ファイナルズ（Finals）」と呼ばれる卒業試験の成績で学位が決まる。ただし、実験レポートなどのコースワークの成績も試験の1科目として扱われるため、試験が全てでない科目も多い。

　ケンブリッジ大学とは強いライバル関係にあり、両大学合わせて、「オックスブリッジ」と呼ばれる。両校の間では、スポーツなど各種の親善試合が頻繁に行われる。とりわけ有名なのは、毎年春にロンドンのテムズ川で行われるボートレース（レガッタ）である。両大学は、互いに「あちら（the other place, another university な

59

ど）」と呼び合うだけでなく、パントと呼ばれる舟遊びでも逆方向から漕ぐ徹底振りである。また、1827年に開始されたクリケットの定期戦も有名であり、ザ・大学マッチ（The University Match）と呼ばれ、ボートレースより長い歴史がある。通算成績は2023年現在、ケンブリッジ大学が勝ち越しており、クリケットの聖地と呼ばれるロンドンのローズ・クリケット・グラウンドで多くの試合が行われた。

大学都市である、ケンブリッジ市内中心部にあるケンブリッジ大学はよく「町の中に大学がある」と言われるのに対し、市内中心部を諸カレッジの壁面が覆うことよりオックスフォード大学が「大学の中に町がある」と称される。

◇カレッジ一覧[2]

名前	設立年	ケンブリッジ大学の姉妹関係のカレッジ
オール・ソウルズ・カレッジ All Souls College	1438年	トリニティ・ホール Trinity Hall
ベリオール・カレッジ Balliol College	1263年	セント・ジョンズ・カレッジ St John's College
ブレーズノーズ・カレッジ Brasenose College	1509年	ゴンヴィル・アンド・キーズ・カレッジ Gonville and Caius College
クライスト・チャーチ Christ Church	1546年	トリニティ・カレッジ Trinity College
コーパス・クリスティ・カレッジ Corpus Christi College	1517年	コーパス・クリスティ・カレッジ Corpus Christi College
エクセター・カレッジ Exeter College	1314年	エマニュエル・カレッジ Emmanuel College
グリーン・テンプルトン・カレッジ Green Templeton College	2008年	セント・エドモンズ・カレッジ St Edmund's College

第3章　オックスフォード大学

ハリス・マンチェスター・カレッジ Harris Manchester College	1786年、 College Status 1996年	ホマトン・カレッジ Homerton College
ハートフォード・カレッジ Hertford College	1282年	
ジーザス・カレッジ Jesus College	1571年	ジーザス・カレッジ Jesus College
キーブル・カレッジ Keble College	1870年	セルウィン・カレッジ Selwyn College
ケロッグ・カレッジ Kellogg College	1990年、 College status 1994年	
レディ・マーガレット・ホール Lady Margaret Hall	1878年	ニューナム・カレッジ Newnham College
リネカー・カレッジ Linacre College	1962年	ウルフソン・カレッジ Wolfson College
リンカーン・カレッジ Lincoln College	1427年	ダウニング・カレッジ Downing College
モードリン・カレッジ Magdalen College	1458年	モードリン・カレッジ Magdalene College
マンスフィールド・カレッジ Mansfield College	1886年、 College Status 1995年	ホマトン・カレッジ Homerton College
マートン・カレッジ Merton College	1264年	ピーターハウス Peterhouse
ニュー・カレッジ New College	1379年	キングス・カレッジ King's College
ナフィールド・カレッジ Nuffield College	1958年	
オリオル・カレッジ Oriel College	1326年	クレア・カレッジ Clare College

61

ペンブルック・カレッジ Pembroke College	1624年	クイーンズ・カレッジ Queen's College
ザ・クイーンズ・カレッジ The Queen's College	1314年	ペンブルック・カレッジ Pembroke College
ルベン・カレッジ Reuben College	2019年	
セント・アンズ・カレッジ St Anne's College	1878年	ニュー・ホール New Hall
セント・アントニーズ・カレッジ St Antony's College	1950年 College status 1963年	ウルフソン・カレッジ Wolfson College
セント・キャサリンズ・カレッジ St Catherine's College	1963年	ロビンソン・カレッジ Robinson College
セント・クロス・カレッジ St Cross College	1965年	クレア・ホール Clare Hall
セント・エドモンド・ホール St Edmund Hall	1278年 College status 1957年	フィッツウィリアム・カレッジ Fitzwilliam College
セント・ヒルダズ・カレッジ St Hilda's College	1893年	ピーターハウス Peterhouse
セント・ヒューズ・カレッジ St Hugh's College	1886年	クレア・カレッジ Clare College
セント・ジョンズ・カレッジ St John's College	1555年	シドニー・サセックス・カレッジ Sidney Sussex College
セント・ピーターズ・カレッジ St Peter's College	1929年	
サマービル・カレッジ Somerville College	1879年	ガートン・カレッジ Girton College
トリニティ・カレッジ Trinity College	1554年	チャーチル・カレッジ Churchill College

第3章　オックスフォード大学

ユニバーシティ・カレッジ University College	1249年	トリニティ・ホール Trinity Hall
ウォドム・カレッジ Wadham College	1610年	クライスツ・カレッジ Christ's College
ウルフソン・カレッジ Wolfson College	1966年、 College status 1981年	ダーウィン・カレッジ Darwin College
ウスター・カレッジ Worcester College	1714年	セント・キャサリンズ・カレッジ St Catharine's College

　カレッジによっては通常の夕食の後で「フォーマル・ホール（Formal Hall）」と呼ばれる正装を必要とする晩餐を開催するなど、他の国々の大学制度とは異なったしきたりやルールが多数ある。学部生、大学院生などそれぞれの立場によって着るべき黒のガウンが決められており、各種式典やフォーマル・ホールなどの公式な場では身に着けることを要請されている。また、ライバル校、ケンブリッジにはないしきたりとして、試験を受ける際、白いシャツ、黒のズボンあるいはスカートに男性はジャケット、その上からガウンを着る、いわゆる「サブファスク」を着るよう義務づけられていることが挙げられる。

　宏と純子は、２人でケンブリッジ大学に来た際に、オックスフォード大学を訪れた。ケンブリッジ大学には、文献を調べる必要があって、何度も訪れている。
「オックスフォード大学の図書館であるボドリアン図書館を見学したいね」と宏は純子に言った。
　もちろん、オックスフォード大学のロースクールの図書館とその図書館は見学済みである。
　ボドリアン図書館の見学受付デスクに出向いて、見学を申し込んだ。ところが、受付の女性は、快諾しただけでなく、見学コースに

63

加えて、多くの書籍をベルトコンベアに載せて運ぶところを、特別に見せると言ってくれた。

「本当にそんな特別扱いをしていただいて、よろしいのでしょうか」と宏はその受付の女性に問いかけた。

「大丈夫ですよ。先ほどお名刺をいただいて、日本の国立大学である筑波大学の教授であることが分かっています。大学の研究者であれば、このような図書館に興味をもつことは当たり前のことですから」とニコニコと話しかけてくれた。

見学後、「いろいろ面白かったです。本当にありがとうございました」と宏はその受付の女性に礼を言った。

ロースクールの見学からの帰り道、宏と純子は、同年配の日本の人を見かけたので、話しかけてみた。

「お見かけしたところ、日本からの留学で、ロースクールで勉強しておられるようですね」と宏は尋ねてみた。

「私は、国際取引法を専門とする筑波大学の教授です」と宏は自己紹介した。

「勤務先の銀行から２年間の留学を許されて、オックスフォード大学のロースクールで金融関係の論文を書いています。日本の帰国後は、銀行法務のような法律雑誌に寄稿したいと思っています」とその人は応じてくれた。

「そうでしたか。ぜひ論文を完成なさってください」と宏は励ましの言葉を言って、別れた。

　　［注］
　　　1　オックスフォード大学 —— Wikipedia
　　　2　オックスフォード大学 —— Wikipedia

第4章　コッツウォルズ方面

　宏と純子は、オックスフォードの町とオックスフォード大学を訪れた後、オックスフォードから西の方向に広がる丘陵地帯であるコッツウォルズを訪ねたいと話し合ってきた。
「今回は、ぜひコッツウォルズに行きたいな。オックスフォードには数回行ったが、景観が美しいコッツウォルズには、まだ行っていないよ」と宏は言った。
「賛成よ。今回こそ行きましょう」と純子が応じた。
「コッツウォルズで、3泊しよう。マナーハウスにも泊まりたい」と宏は嬉しそうに言った。
「特に、ボートン・オン・ザ・ウォーター、チッピング・カムデンとバイブリーは、逃さないようにしよう」と宏は意気込んだ。

　コッツウォルズ（Cotswolds）[1]は、イングランド中央部に広がる標高300m以上に達する丘陵地帯であり、時にイングランドの中心と呼ばれる。特別自然美観地域に指定され、クリーブヒルがこの丘陵地帯で最も高く、330mである。
　コッツウォルズはグロスターシャーで最も面積が広く、サマセット州、オックスフォードシャー、ウィルトシャー、ウォリックシャー、ウスターシャーの各州にまたがる。コッツウォルズは「羊の丘」という意味である。
　コッツウォルズは歴史が古く、羊毛の交易で栄えていた。現在でも、古いイングランドの面影を残した建物を見ることができる。20世紀に入り、その景観を活かした観光業が盛んになっており、毎年多くの観光客が訪れている。黄色みを帯び「蜂蜜色の石」「ライムストーン」とも称される石灰岩「コッツウォルズストーン」を使った建物群が特徴的な景観をなしている。

65

主な集落・都市

北コッツウォルド
- チッピング・カムデン
- ブロードウェイ
- スノーズヒル
- モートン・イン・マーシュ
- ボートン・オン・ザ・ヒル
- ウィンチカム
- ストウ・オン・ザ・ウォルド

中コッツウォルド
- ザ・スローターズ
- ボートン・オン・ザ・ウォーター
- ノースリーチ
- バーフォード

南コッツウォルド
- バイブリー
- マームズベリー
- ペインスウィック
- カースル・クーム
- レイコック

　チッピング・カムデン（Chipping Campden）は、イングランド・グロスターシャー州のコッツウォルズにある小さなマーケットタウンである。ハイストリートには14世紀から17世紀のエレガントなテラスのある建物が未だに保存されており、その美しさから毎年多くの観光客を集めている。チッピングは、古英語の *cēping* から由来し、「市場」、「市の立つ場所」の意味である。中世には羊毛取引の中心地として栄えたチッピング・カムデンは、裕福な羊毛商人たちの支援を受けて大いに栄えた。今日では、パブやホテル、レスト

ランで、コッツウォルズ観光の人気の町になっている。

　ハイストリートには、コッツウォルズストーンの名で知られるこの地方の特産の蜂蜜色の石灰岩で造られた建物が並び、素晴らしいこの土地特有の建物が売りである。この通りの中程に立つのが、1627年に建てられた豪華なマーケットホールである。その他の観光のポイントとしては、およそ1500年頃のものとされる中世の祭壇や1400年頃の司祭の祭服（コープ）のあるセント・ジェームズ教会、地元の裕福な羊毛商人だったサー・バプティスト・ヒックスと彼の家族の広大で贅沢な17世紀のモニュメントともいうべき、救貧院と羊毛仲買人ホールがある。教会の近くの裁判所の建物は、今日では近在の豊かなアーツ・アンド・クラフツ運動の輝かしい歴史を展示する博物館になっている。ヒックスは、イングランド内戦の最中に議会派の手に落ちることを恐れて、火をかけて焼失させられたキャムデンハウスの持ち主でもあった。今でもなおヒックス家の財産として残っているのは、二つのゲートハウス、二つのジャコバン様式のバンクェッティングハウス、これらはランドマーク・トラストによって復元されているが、それとレディ・ユリアナの門である。ヒックスの子孫は、その敷地に隣接したコートハウスに今も住んでいる。また二つの有名で、しかも歴史的な庭園がある。一つは、ナショナル・トラストが所有し管理しているヒドコート・マナー・ガーデンで、もうひとつは個人の所有であるが、一般に公開されているキフツゲート・ガーデンである。西に2マイルほど行くと、セイントベリーの近くのウェストンパークの敷地内には、城の土塁の跡と外壁が残っている。

　ボートン・オン・ザ・ウォーターは、町中をウィンドラッシュ川が流れ、キラキラ輝く水面に石橋がかかる風景はコッツウォルズのヴェネチアとも呼ばれる小さな田舎町である。石造りの家屋が軒を並べ、田舎でありながらどこかあか抜けた落ち着いた町並みである。周囲には牧草地が広がりフットパスが延びている。

67

イギリスの中でも南側を占めるイングランド。その中央部標高300m以上の丘陵地帯にはイギリス屈指の美しさが人気のカントリーサイド「コッツウォルズ」が広がる。豊かな緑の中で白い羊や馬が草を食む長閑な風景に加え、この地方特産のライムストーンと呼ばれる石灰岩で積み上げられた家屋が魅力のある地方である。川沿いに町のメインストリートともいえるハイストリートが走り、通り沿いにはカフェ・レストランやホテル、土産物屋などが入る伝統家屋が連なる。川を渡って住宅街に入ると、そこは色とりどりの花が緑の中に咲き誇る広い庭のある個人宅が軒を並べる一帯である。どこからともなくピーターラビットが飛び出してきそうな雰囲気で溢れている。また、ハイストリートに近い路地には観光客を迎える洗練されたお店も多く、ついつい立ち寄りたくなる。川の両側の遊歩道沿いには素敵なカフェやお店が並んでいる。また遊歩道でジョギングや散歩を楽しむ人、ベンチに腰掛けてのんびり過ごす人など、観光客だけでなくボートン・オン・ザ・ウォーターに住む人々の憩いの場所になっている。

　風光明媚なコッツウォルズの中でも特に美しいチッピング・カムデンは、「王冠の中の宝石」と呼ばれ、ハイストリートには14世紀から17世紀の建物が保存されており歴史的に重要な町である。

　現在では、その町並みの美しさから多くの観光客がやって来る。1627年に建築されたマーケットホールは、町の中心にある。かつてここでは、羊毛の取引の他、バターやチーズ、そして食用肉も販売されていた。現在はナショナル・トラストによって厳重に保存されている。

　バイブリーは小さな村だが、まるでお伽噺の中のような風景が広がる。特にアーリントン・ロー地区の中世に建てられた石造りの家屋が魅力いっぱいである。穏やかに続く小道沿いの家々は、素朴ながらも歴史が感じられ、タイムスリップ感たっぷりである。バイブリーは、イギリスの詩人で芸術家でもあり思想家でもあったウィ

リアム・モリスが住みつき「イギリスで最も美しい村」と称賛したことで名を知られている。バイブリーの中でも特に有名なアーリントン・ローは、石造りの家屋が軒を並べる物静かな空気を伝える一角であり、イギリスのパスポート表紙の内側にも描かれている風景である。長さ50mほどの小道に可愛い民家が並ぶアーリントン・ローには、地元で採れるはちみつ色のライムストーンで組まれた昔ながらの家並みが広がる。そこには14世紀に羊毛貯蔵庫として建てられた家が、その後毛織物の職工の住居兼仕事場として改築された。現在でも現役の住居として残っていて、ナショナルトラストが管理する文化遺産となっている。

「コッツウォルズの入口にある街で泊まったマナーハウスは、こぢんまりとはしていたけど、中世の時代に建てられた荘園を宿泊施設に改装しただけのことはあって、ソファや机が置いてあるパブリックスペースと呼ばれる広いスペースがあったね」と宏は純子に語りかけた。
「ええ、とても感じがよい宿泊施設で、来た甲斐はありましたね」と純子は応じた。「もっとも、ここで夕食を食べると高くつきそうだから、すぐ近くの食堂で済ませてよかったよ」と宏は言った。
「そうね、あまり無理をすることはないわ」と純子も頷いた。
「ボートン・オン・ザ・ウォーターは、町中を川が流れ、キラキラ輝く水面に石橋がかかる風景は、なんともいえない趣があったね。しかも川に沿ってカフェなどの休息場所もあって、何度でも訪ねたくなるね」と宏は感極まったように純子に話しかけた。
「私も同じように感じたわ。素敵な所ですね」と純子も応じた。
「チッピング・カムデンには、16世紀に建築されたマーケットホールがあり、羊毛、バターやチーズなどが取引されていたそうだよ」と宏は印象深そうに言った。
「町並みの美しさはとても印象的だわ」と純子も応じた。
「バイブリーは、中世に建てられた石造りの家屋がとても魅力的だ

ね」と宏が感想を述べた。

「イギリスで最も美しい町といわれるほどのことはあるわ」と純子
は応じた。

　　　［注］
　　　１　コッツウォルズ —— Wikipedia

第5章　ロンドン方面

　宏は、家族を連れて、しばしば車でロンドン方面に出かけた。2時間半くらいの距離である。ロンドン市内のB&Bに数泊して、方々を見て回った。子供達が興味をもつ大英博物館やその他多くの博物館巡りである。

　また、宏と純子は、キューガーデンに関心をもっていた。

「キューガーデンを見物したいな」と宏は純子に提案した。

　純子もかねてより、名高い王立植物園を見たいと思っていたので、「大賛成。今回はぜひ行きましょう」と賛成した。

　キューガーデン（Kew Gardens）[1]は、イギリスの首都ロンドン南西部のキューにある王立植物園である。キュー植物園などとも呼ばれる。1759年に宮殿併設の庭として始まり、今では世界で最も有名な植物園として膨大な資料を有している。2021年11月23日の時点でアフリカ・熱帯アジア・オーストラレシアといった地域のものを中心に世界中で採取された種子植物の標本700万点・菌類および地衣類の標本125万点を所蔵しており、標本はインデックス・ヘルバリオールムで割り当てられたコードＫという形で文献に引用される。2003年にユネスコ世界遺産に登録された。新種の発見などに貢献している。

　植物園はロンドンの中心部から南西に位置するリッチモンドとキューの中間に設けられている。いまや公園ではなく、大規模な研究施設である。古くからカーティス・ボタニカル・マガジンを出版している。1948年から2012年9月にわたる歳月をかけて『熱帯東アフリカの植物誌』（*Flora of Tropical East Africa*）を編纂した。ウガンダ・ケニア・タンザニア3か国の植生を網羅したこの事業は1万2100種を収録、263巻という大ボリュームである。キューガーデンは植物に関する情報をウェブで公開し普及に努めている。東南アジ

アについてライデン植物園と情報を共有するなど、ネットワーク自体の拡大も推進している。他の国際的研究機関とも協力して世界的な植物誌の完成をめざす。さらに、種子銀行としてのミレニアム・シード・バンク・プロジェクトを主導する。

園内には鉄骨造のガラス温室の「パーム・ハウス」と「テンパレート・ハウス」、オレンジェリー、シャーロット女王のコテージ、フォリーの寺院、ツツジの「デル」、キューガーデンのパゴダ、植物標本館など歴史的建造物が点在し、4棟がイギリス指定建造物1級に指定されている。

キューガーデンの歴史はテュークスベリーのケープル卿が熱帯植物を集めた庭を作ったことに始まる。その後この庭はジョージ2世の長男フレデリック皇太子の未亡人であるオーガスタ妃によって拡張され、ウィリアム・チェンバーズの設計による建築物が何棟か建てられた。そのうちの1つである1761年建造のグレート・パゴダは今日も残されている。ジョージ3世はウィリアム・エイトンやジョゼフ・バンクスに命じてさらに庭園の植物を豊かなものにさせた。旧キュー・パークは1802年に廃止され、1781年にジョージ3世は隣接するダッチ・ハウスを買い上げて、王室の子供達を育てる施設とした。この建物は現在キュー宮殿として残されている。1840年に庭園は国立の植物園と改組された。ウィリアム・ジャクソン・フッカーの指揮のもとで植物園は30 haにまで拡張され、さらに後の改修で現在の120 haの敷地が完成した。

往時のキュー王立植物園は、世界各地から資源植物（人間生活に必要なものを作ることができるとされた植物）を集め、品種改良などを行う場でもあった。改組同年より始まったローランド・ヒルの郵便を利用して、イギリス植民地内の各植物園と情報交換などを行った。そして、育成条件の合致する植民地に移植してプランテーションでの大量生産を図った。以下は移植例である。

- 中国産の茶をインドのダージリン地方やスリランカへ

第 5 章　ロンドン方面

- アマゾン川流域産の天然ゴムをマレー半島へ
- ポリネシア産のパンノキを西インド諸島へ
- マラリアの特効薬キニーネ（キナの樹皮）をペルーからインドへ

　ガーデン改組の時期に加硫ゴム製法が生まれ、そこへ海底ケーブル絶縁体としての特需がきて、南米のゴムの木を傷つけすぎたことにより枯死させていたが、南米諸国の目を盗んで移植したゴムは十分な供給量を確保した。

　植物園には、1980年（昭和55年）に日本花の会から贈られた松前系の八重桜53本が植樹されている。また1993年（平成5年）には、多くの松前系の八重桜を生み出した浅利政俊から58品種の桜がウィンザー大公園と共に贈られて植樹され、このうち56品種が活着している。そしてキューガーデンやウィンザー大公園が起点となって、これらの桜がイギリス各地に広まっている。これらの品種のうちベニユタカ（紅豊）やリュウウンインベニヤエザクラ（龍雲院紅八重桜）など19品種は王立園芸協会のガーデン・メリット賞に選ばれている。

　宏と純子は、長年の願いが叶って、いささか興奮していた。
「いやー、本当に圧倒されたよ」と宏は純子に言った。
「これほどの規模と多様な植物を見たことはないわ」と純子もあいづちを打った。

　宏は、ロンドンからの往復の合間に、二つの城を見物することを純子に提案した。一つはウォリック城であり、もう一つはウィンザー城である。

　ウォリック城（Warwick Castle）[2] は、イングランド中部ウォリックシャーのウォリックにある中世の城。エイヴォン川に臨む崖の上に建っている。元はアングロ・サクソン人の砦（914年建築）が

あった場所（またはその近辺）に、1068年、ウィリアム征服王によって建築された。17世紀初頭まで軍事拠点として使用された。1088年以降、ウォリック伯に所有され、その権力の象徴となった。1153年にアンジュー伯アンリ（後のヘンリー２世）に接収され、囚人を閉じ込めるために使われた。例えば14世紀のポワティエの戦いにおける捕虜がここに収監された。"ウォリックのキングメイカー"リチャード・ネヴィルの所有時代にはエドワード４世王を監禁するために使用された。ウォリック城は規模、費用、歴史的・社会的地位に関してウィンザー城とよく比較される。11世紀に建築されて以来、この城は改築され続けている。元来は木製だったモット・アンド・ベーリーは12世紀に石製のものに代えられた。百年戦争の期間には要塞として強化され、14世紀の典型的な軍事建造物となった。17世紀には敷地に庭園が作られた。1978年、レジャー会社タッソー・グループ（The Tussauds Group）によって買収されて観光地となった。指定遺跡（Scheduled Ancient Monument）かつ第一級指定建築物（Listed building）として、英国政府から保護されている。

「中世の武器から貴族の豪華な生活がうかがえるような展示物まで、見応えがあったね」と宏は純子に語りかけた。

　純子はこのような城の見物は初めてであったので、「いい体験ができたわ」と感想を述べた。

　宏と純子は、ロンドンに近いウィンザー城は、当然のことながら、見物したいと、かねてより願っていた。
「国王が週末を過ごすために訪れる城だから、じっくりと見てみたいよ」と宏は純子に言った。
「国王がどのような生活をなさっているか、楽しみだわ」と純子も応じた。

　ウィンザー城（Windsor Castle）[3]は、英国のバークシャー州ウィ

74

ンザーにあるイギリスの君主の公邸の一つである。首都ロンドンの西34kmに位置し、テムズ川南岸に築かれた。イギリス王室の所有で、イギリス国王が週末を過ごす場所でもある。およそ4万5000m²の床面積を持ち、ウィンザー城は住居者がいるものとしては世界最大の城で、ヨーロッパで最も長く使われている王宮である。なおロイヤル・コレクションで、王室図書館にレオナルド・ダ・ヴィンチの手稿が蔵されていることでも著名である。ウィンザーの町中にあり、裏手にはウィンザー・グレート・パークが広がっている。

　国王が週末を過ごすためにここを訪れているときには王室旗が、平日などのいないときにはイギリス国旗がはためいている。

　11世紀のウィリアム1世がこの地に木造のモット・アンド・ベーリー形式の砦を築いたのが始まりで、その後何世紀にもわたって建て替えられてきた。城内はロウアー、ミドル、アッパーの3つのウォードと呼ばれる部分に分かれている。ウィリアム1世の砦は現在のウィンザー城のミドル・ウォード、円形の塔の部分に建てられたものであった。ヘンリー2世は木製の防壁を石造りにし、また初めて石造りのキープ（城の心臓部となる、中央の塔）を建設した。ヘンリー3世によって建設された西部の防壁はその一部が現在にも残っており、現存するこの城の最古のものである。1350年より、城はエドワード3世によって一部を残して取り壊され、新しいものに再建された。またその後も建物が追加、改修されていった。上の城郭アッパー・ウォードには、庭園を囲むように王室の建物が配置されており、賓客の間、儀式の間、国王・女王の居間や寝室がある。公式諸間（ステート・アパートメント）は、1824年から1866年の間に、イギリス王ジョージ4世、ウィリアム4世とイギリス女王ヴィクトリアのために建てられた。1820年代、ジョージ4世と建築家ジェフリー・ワイアットヴィル（Jeffry Wyatville）は、ウィンザー城のステート・アパートメントの大規模な改修を行った。この改修に、これより前の1800年から1811年の間にジェームズ・ワイアットが造った部分を合わせたものが、現在のゴシック式

の城である。2020年、イースト・テラス・ガーデンが40年ぶりに一般公開された。ステート・アパートメントは1992年11月20日に発生した火災で大きな損害を受け、1994年から1997年にかけて修復が行われた。

　聖ジョージ礼拝堂はウィンザー城内ロウァー・ウォードにあり、ガーター騎士団のために創建されたイングランド国教会の礼拝堂であると共に、英国王、王族のための礼拝堂である。エドワード4世の時代に起工された、ゴシック風垂直式の歴史的建造物であるが、王室墓廟としてウェストミンスター寺院に次いで重要である。身廊と有名な扇形ヴォールト天井はヘンリー7世の下で完成された。ヘンリー8世やその3番目の王妃ジェーン・シーモアを含む10人の王と女王ならびに他の王族と貴族の最終的な休息所であるだけでなく、チャペルはヴィクトリア女王の子供たちをも含むその歴史を通して14の王室の結婚式を主催した。チャールズ3世（当時皇太子）が2005年にウィンザー市役所でカミラ妃と結婚した後、この礼拝堂で祈りと祝福の儀式が行われた。1948年以来、毎年6月には城内の聖ジョージ礼拝堂においてガーター勲章の叙任式「ガーターセレモニー（Garter Ceremony）」が行われ、王室騎兵隊の行進など各種のイベントが開かれる。聖ジョージ礼拝堂の天井や内陣はガーター騎士団の勲章を授与した貴族の家紋を描いた旗やエンブレムで飾られている。

「有名なウィンチェスター大聖堂を見てみたいので、ぜひ行ってみたい」と宏は純子に提案した。
「ロンドンから南の方へは行ったことがないので、いいのでは」と純子は応えた。

　ウィンチェスター（Winchester）[4]は、イングランド南部のハンプシャーにあるシティ・オブ・ウィンチェスターの主要エリアである。ウィンチェスターの町は、アングロサクソン時代にイングラン

ドの首都であった。中世から代表的な巡礼地として栄えてきた。

歴史的な町の中心にはウィンチェスター大聖堂、12世紀に建てられたグレート・ホール、ウィンチェスター・カレッジがある地、ハンプシャー州の州都として、行政、文化の中心である。

この地域の歴史はローマ時代以前に遡ることができ、実際には鉄器時代の遺跡もある。ローマ時代には Venta Belgarum という名前であった。ローマ支配の終焉後、白い要塞を意味する Caergwinntguic または Caergwintwg の名で呼ばれていたことが分かっている。この名前は、一帯が519年にアングロサクソン人によって征服されると Wintanceastre に転訛した。ウェセックス王キャドワラがワイト島の王アトワルドを打ち負かした後の686年頃、ウェセックス古来の首都としてドーチェスター・オン・テムズの跡を継いで、歴史的重要性を持つようになった。首都となった唯一の町というわけではないものの、827年にエグバート王はウィンチェスターを彼の王国の主要都市とした。9世紀半ば、聖スウィツザンはウィンチェスター司教となった。サクソン・ストリートの計画はアルフレッド大王がレイアウトし、これは今もその痕跡が残っている。十字状に通りを区切るシステムは現在も基本的な都市計画として認められるものである。町は南岸に沿って一連の防御壁とした。アルフレッド大王によって王国の守りとして建てられ、それらはバーフ（burhs）として知られていた。旧市街の境界線が今、石の壁になっている場所で見ることができる。ウィンチェスターは、ウェセックスの首都であり続け、ノルマン征服で首都がロンドンに移った後も数度首都になった。1141年に起きたひどい大火で町の斜陽に拍車がかかった。しかし、ウィンチェスター司教ウィリアム・ワイカム（1320年－1404年）が市の修復において重要な役割を担った。彼は現在の大聖堂の構造全ての責任を負い、オックスフォード大学ニューカレッジと関係の深いパブリックスクールであるウィンチェスター・カレッジを1382年に創立した。中世の間、市は羊毛貿易の重要な中心地であったが、その後緩やかに勢いは衰えていった。11世紀に

建設が開始されたウィンチェスター大聖堂（Winchester Cathedral）
は、ヨーロッパのゴシック様式大聖堂のうち最も長い身廊と全長を
持つ、イングランド最大級の大聖堂の一つである。12世紀にウィ
ンチェスター大聖堂の聖スウィザンの墓からこの地を通ってカンタ
ベリー大聖堂のトマス・ベケットの墓まで全長200kmの巡礼路が
延びていった。ウィリアム征服王の治世に、ノルマン様式の城が建
造された。国王ヘンリー3世は、1207年にその城で生まれ、彼の
時代になると、ジョン王の治世に荒廃してしまったそのノルマン様
式の城を再建した。ヘンリー3世の建てたグレート・ホールの壁に
掲げられているみごとな円卓は、アーサー王の円卓だと長年考えら
れていた。直径5.5m、重さ1200kgもある巨大な円卓で、アーサー
王の24人の騎士の名前と王自身の肖像画が描かれている。ただし
円卓は、14世紀になってからの作品だと立証されている。

　ウィンチェスター大聖堂は、聖なる三位一体、聖ペトロ、聖パウ
ロ、聖スウィザンに捧げられており、ウィンチェスター主教管区を
代表するウィンチェスター主教座が置かれている。大聖堂では毎日
4回の礼拝が行われ、特別の聖日にはその回数がさらに多くなる。
大聖堂の聖歌隊音楽とウィリス社製パイプオルガンで有名である。
最古の建物は、大聖堂の北に隣接した場所に642年頃建てられた。
この建物はオールド・ミンスターとして知られている。971年、
オールド・ミンスターは修道会定住地の一部となった。ウィンチェ
スター司教だった聖スウィザンは、建物が新たなノルマン様式建築
の大聖堂へ移る前に、オールド・ミンスター近くに埋葬された。最
初はオールド・ミンスターに埋葬され、のち大聖堂へ移されたモー
チュアリー・チェスト（Mortuary chests）は、イングランド王エド
ウィとその母エルギヴァといったサクソン朝の王たちの亡骸を納
めていると言われてきた。オールド・ミンスターは1093年に廃止
された。大聖堂建設は司教ウォークリン時代の1079年に始まった。
1093年4月8日、イングランドの司教と修道院長全員が出席する
中、オールド・ミンスターを出た修道士たちが新大聖堂へ入り、

78

第5章　ロンドン方面

『大いなる歓喜と栄光をもって』この完成を記録した。現在の建物に残る最古の部分は、完成当時からある納骨堂である。バーネー公リチャード（ウィリアム1世次男）と、ウィリアム2世は、ウィンチェスター大聖堂に埋葬された。四角い中央塔は1202年以来のものである。これは、大聖堂の建つ地盤が部分的に不安定であったため崩壊した最初の塔と、取り替えられた。塔には明白にノルマン様式の痕跡が見て取れる。1394年にはノルマン様式の身廊改築が、熟練した石工ウィリアム・ウィンフォード設計のもので作業が始まり、これは14世紀から、16世紀まで続いた。聖スウィザンの霊廟へ詣でる大勢の巡礼者を収容するレトロクワイア（retroquire）の建設が知られる。ヘンリー8世はイングランドのカトリック教会を支配下に置いた後、自身を長とするイングランド国教会をつくり、ベネディクト会に属していたセント・スウィザン修道院を1539年に解散させた。修道院生活と聖堂参事会会議所は廃止されたが、大聖堂は存続した。1905年から1912年の間、T・G・ジャクソンによる修復作業が行われ、全体として崩壊の危機にあった大聖堂を救った。南側と東側の壁は、基礎部分が一部水浸しとなっていた。ダイバーのウィリアム・ウォーカーが2万5000以上の袋入りコンクリート、11万5000個のコンクリート・ブロック、90万個のレンガを用いて基礎部分につめ、補強を行った。ウォーカーは最深部で6ｍ地点の真っ暗闇の中で、1906年から1912年の間一日6時間作業した。大聖堂を全体的な崩壊から救ったのはウォーカーの功績である。彼はこの功績を讃えられヴィクトリア十字勲章を授与された。

　宏は、文献調査で、ケンブリッジ大学に行った際には、帰りにロンドンに立ち寄り、LSE の図書館に行くことにしている。もちろん、LSE 近くの法律書専門の書店やリンカーンズ・インにある法律書専門の書店を訪ねるのが常であった。ケンブリッジ大学では、ロースクールの図書館、経済学部の図書館および全学の図書館で必要な文献を調査した。

79

ロンドン・スクール・オブ・エコノミクス・アンド・ポリティカル・サイエンス（London School of Economics and Political Science、略称：LSE）[5]は、社会科学に特化した、ロンドン大学を構成するカレッジの1つである。ただしロンドン大学を構成する他のカレッジと同様に、通常は独立した個別の大学として扱われている。ロンドン中心部のオールドウィッチにキャンパスを構える。1900年にロイヤル・ホロウェイと共にロンドン大学のカレッジに加盟した。2021年のQS World University Rankingsにおいては、社会科学分野で世界2位（欧州内1位）と評価されている。社会政策をはじめ、LSEが発祥とされる世界的に著名な学問分野を有する。社会政策・管理（Social Policy & Administration）分野では、世界最高峰を誇る。近年では、NGOのマネジメントに関する研究や、環境経営学、欧州共同体研究、開発学、平和構築・紛争解決学などの分野での教育・研究が高く評価されている。現在までに卒業生、教員、創立者から計19人のノーベル賞受賞者（経済学賞13人、文学賞2人、平和賞4人）、53人の各国首相・大統領・国家元首を輩出している。LSEのキャンパスは、英国政治の中心である国会議事堂から経済の中心シティのイングランド銀行までの中間地点にある。双方へ徒歩15分程度の距離である。キャンパスは、政治・経済・メディア・文化などの分野で英国を代表する機関に囲まれている。キャンパスの隣にはイングランドの最高裁判所である王立裁判所があり、近隣にはリンカーン法曹院など司法関連の施設や弁護士事務所が多い。キャンパスの北隣にはリンカーンズ・イン・フィールズという広場もある。隣接のPeacock Theatreではロンドンを訪れた各国首脳などの著名人の講演や卒業式などのセレモニーが行われる。

　LSEには社会科学専門大学としての先進性を支えている図書館、British Library of Political and Economic Science（BLPES）がある。ノーマン・フォスターが設計した、大きならせん階段が特徴的なこの図書館は世界最大級の社会科学専門図書館であり、2002年現在、蔵書数は400万冊を超え、さらに増え続けている。BLPESは国連寄

託図書館に指定されているが、他の国際機関や世界中の政府発行の統計資料も数多く揃えている。LSE の学生・研究者はこの図書館のコンピュータから 2 万件以上の学術誌を購読できる。2013 年にはそれまでロンドン・メトロポリタン大学が所蔵していた女性図書館のコレクションを入手した。

　LSE は主に以下の専攻で構成されている。

　　会計学（Accounting）、人類学（Anthropology）、開発研究（Development Studies）、経済史（Economic History）、経済学（Economics）、欧州研究所（European Institute）、財政学（Finance）、ジェンダー研究所（Gender Institute）、地理・環境（Geography and Environment）、行政学（Government）、国際関係史（International History）、国際関係（International Relations）、法学（Law）、経営学（Management）、数学（Mathematics）、メディア・コミュニケーション（Media and Communications）、哲学・倫理学・科学的方法（Philosophy, Logic and Scientific Method）、心理学・行動科学（Psychological and Behavioural Science）、社会政策（Social Policy）、社会学（Sociology）、統計学（Statistics）

　井原一家は、何度もロンドン方面への往復をしており、子供達もすっかり道順を覚えたらしく、1 歳の望は、Parking の印を見つけては、「P を見つけた」と喜んでいた。

　　［注］
　　　1　キューガーデン —— Wikipedia
　　　2　ウォリック城 —— Wikipedia
　　　3　ウィンザー城 —— Wikipedia
　　　4　ウィンチェスター（イングランド）—— Wikipedia
　　　5　ロンドン・スクール・オブ・エコノミクス・アンド・ポリティカル・サイエンス —— Wikipedia

第6章　ウェールズ・湖水地方方面

　宏と純子は、ウェールズ方面に出かけることにした。なかなかウェールズを訪問する機会はないので、思いついた時に出かけることにした。

　まず、ウェールズ大学を訪ねることにした。2人が大学の門に入ってしばらく歩いていると、日本人女性に気づいた。話しかけてみると、日本から留学で来ているとのことで、いささか驚いた。

　「私は、現在、明治学院大学の法学部で教えています。どのような勉強をしているのですか」と宏は、彼女に尋ねた。

　「心理学の勉強です。間もなくウェールズ大学心理学部を卒業して、帰国したら、私立大学の大学院で心理学の研究をしたいのです」と彼女は応じた。

　「私が勤めている明治学院大学は大学院で心理学研究科がありますから、いかがですか。心理学研究では名の知れた大学院ですよ」と宏は、名刺を渡しながら、誘ってみた。

　宏は、帰国後間もなく彼女から手紙をもらって、来年春に、宏が勤務している明治学院大学大学院の心理学研究科を受験することを知った。

　宏は、その年の年末に定年で退職したので、彼女がどのようになったかは知る由もなかった。

　ウェールズ大学（University of Wales）[1]は、イギリス、ウェールズのカーディフに本部を置く、1893年に設立された大学で、複数の大学や高等教育機関の集合体（連合大学）であった。かつてはウェールズで最古で最大の大学であり、イギリスで2番目に大きい大学であった。2000年代に入り、ウェールズ地方では大学統合の議論が政策的にされることになり、ウェールズ政府は2002年2月に高等教育戦略をまとめた。2004年8月1日にカーディフ大

学はウェールズ大学から独立。2007年にスウォンジー大学、アベリストウィス校、バンガー校が独立した。2009年4月にトリニティ・ユニバーシティ・カレッジとウェールズ大学ランピーター校（University of Wales, Lampeter）が統合し、ウェールズ・トリニティ・セントデービッド大学（University of Wales Trinity Saint David）を設立することを発表した。2010年7月に設立した。2011年10月、非常勤講師と外部審査官による学生ビザの不正申請問題が発覚し、同月、ウェールズ大学をウェールズ・トリニティ・セントデービッド大学と合併する方針を決定。2017年8月からウェールズ大学はウェールズ・トリニティ・セントデービッド大学との機能的統合が進められ、現在に至っている。

　ウェールズ大学は、1893年に設立された連邦大学で、その母体は、ノース・ウェールズ大学（現：バンガー大学）、サウス・ウェールズ・アンド・モンマスシャー大学（現：カーディフ大学）、ユニバーシティ・カレッジ・ウェールズ（現：アベリストウィス大学）であった。これら3大学は、いずれもユニバーシティ・カレッジで、ウェールズ大学設立以前は、ロンドン大学から学位が授与されていた。1920年に現在のスウォンジー大学が加わり、1931年にはウェールズ国立医学校が編入され、1967年に、ウェールズ先端技術大学がウェールズ科学技術研究所（UWIST）として連邦大学に加わるなど、拡大を続けた。

　2007年9月以降、ウェールズ大学の各構成校が独立し独自の学位授与機関となり、ウェールズ大学は連合組織に姿を変えた。2017年8月、ウェールズ大学とウェールズ・トリニティ・セントデービッド大学の両方が、統合され、ウェールズ・トリニティ・セントデービッド大学となり現在に至っている。

　宏は、ウェールズのチェスターはイングランドの中でも、中世の面影を最も強くとどめた都市であることを知っていた。
「ウェールズ大学を訪ねた後、チェスターで2泊してはどうかし

ら」と純子に提案した。

「白壁に黒い柱のハーフティンバー様式の建物が残っているのも魅力があるわ」と、ガイドブックで予備知識を得た純子が応じた。

チェスター（Chester）[2]は、イギリス、イングランド北西部チェシャーの中心都市である。シティの地位を持つ単一自治体であり、ディー川沿い、ウェールズとの境に位置する。イギリス国内では最良の状態で現存する城郭都市のひとつである。都市としての始まりは、西暦79年頃、当時ブリテン島を支配していたローマ人がウェールズとの戦争に備えて基地を建設し、定住したことである。チェスターは「軍団野営地」を表すラテン語のcastrum：カストラが語源である。チェスターがシティに格上げされたのは1541年であり、新興都市のマンチェスター（1853年）やリヴァプール（1880年）より遥かに古い。

チェスターは、イギリス北西部にあるチェシャー州の州都で、ウェールズとの境に位置している。街の中心部には中世の雰囲気漂う城壁や円形劇場があり、白と黒のチューダー様式の建物が並ぶ街並みは、ヴィクトリア朝を彷彿とさせる。そんな魅力に引き寄せられ、チェスターには国内外から多くの観光客が訪れている。

チェスターにはたくさんの歴史的遺産が残っているが、中でも一番有名なのは、国内で最も良い状態で現存する城壁である。現存する城壁は、西暦79年頃、日本では弥生時代の頃に誕生した防御壁である。ウェールズとの戦争に備えるローマ人が軍の本営を築き、侵略から身を守るために周囲に木製の囲いを作ったのが始まりである。以降、木製の囲いは砂石に変えられ、徐々に強度を増しながら、全長約3kmの城壁へと姿を変えた。1750年頃になると、イギリス国内では徐々に平安が保たれるようになり、国内に点在する城壁の必要性は薄れていった。人々の生活や活動も活発になり、街の商業が栄えて人口が増加すると、城壁は逆に邪魔な存在になった。そして、人々の移動や移住の妨げになってしまった城壁は、次々に

第6章　ウェールズ・湖水地方方面

取り壊されていった。そんな中、チェスターの城壁は壊されずに残った。見張りの兵隊がパトロールをしていた城壁の上を通る通路は、18世紀後半には、着飾った上流階級の散歩道に姿を変えた。現在チェスターに残る城壁は、歴史的価値の高い遺産であるとともに、住民や旅行者の憩いの場として親しまれている。

　現在、チェスターでは約8万人の人が暮らしている。歴史的価値の高い遺産都市と呼ばれるチェスターにも、スーパーや日用品店、ショッピングセンターやレストランが混在し、人々の生活を支えている。近隣には学校もあり、元気な若者が映画館やショッピングセンターに集まる様子は、他の都市となんら変わりはない。

　新旧の文化が融合する側面もチェスターの魅力の1つで、国内外から多くの人が訪れる理由でもある。馴染みのあるスターバックスがヴィクトリア朝の建物に入り、周囲をローマ時代の遺産である城壁が囲む。そして、その上を気ままに散策する人々の姿。そんな街の風景に、チェスターの魅力が感じられる。

　ザ・ロウズ（The Rows）は、チェスターで最も人気の高い観光スポットの1つである。街の中心部には白と黒のチューダー様式の木組みの建物が軒を連ね、2階部分が歩道で繋がり、アーケードのようになっている。その部分がザ・ロウズと呼ばれる。それぞれの建物の各階にはブティックやレストラン、カフェやオフィスなどが入っている。ザ・ロウズは13世紀に建てられたが、現存しているもののほとんどは、その後に改装や増築が行われたものである。世界でも類をみない独特の作りで、その起源は今も不明のため、様々な憶測を呼んでいる。

　イーストゲート時計台（East Gate Clock）は、城壁東部にある門の上部に見られる時計台である。1897年に、ダイヤモンドジュビリーと呼ばれるヴィクトリア女王の即位60年記念で建設された。時計台の横には城壁の上に続く通路があり、真下から見ることができる。この時計台は、「ロンドンのビックベンに次いで、最もよく写真に収められる時計台」とも言われている。

チェスターの城壁（Walls of Chester）は、英国内でも特に保存状態が良く、チェスターが城郭都市と呼ばれる所以でもある。ローマ人が軍団の本営を守るために周囲に防御壁を築き、その後に長い年月をかけて城壁をつくりあげた。城壁の全長は3.2kmで、徒歩であれば1周を約1時間ほどで回ることができる。

　旧市街地を囲む城壁を歩けば、街の中も外も見ることができる。建物の間を縫うように通る場所や、ディー川をのぞむ展望スポットなど見どころが多いため、この城壁はチェスターの人気の観光スポットである。チェスター・ローマ円形劇場（Chester Roman Amphitheatre）は、ローマ人によって建てられた円形劇場で、1929年に発見され、2000年から本格的な発掘が始められた。収容人数は8000人超と言われており、英国内では最大の規模である。

　宏は、チェスターからさらに北西に進むと、カーナーヴォン城という有名な城があることを知っていた。イングランド王エドワード1世が築いた10の城塞のうち、48年という長い年月と多額の資金を費やして造った最大かつ最強の城がカーナーヴォン城である。

　宏は、チェスターまで来たので、この機会にカーナーヴォンまで足を延ばしたいと考えていた。
「チェスターから北西に進むと、有名なカーナーヴォン城を日帰りで見学できるよ」と純子に提案した。
「そうね。カーナーヴォン城は有名だから、いい機会でしょうね」と純子は了承してくれた。

　カーナーヴォン城（Caernarfon Castle）[3]は、ウェールズ北西部のグウィネズ州カーナーヴォンにある中世の城である。1283年にウェールズを征服したイングランド王エドワード1世によって建設された。エドワードの時代の町や城は、北ウェールズ行政の中心地となり、そのため大規模な防備が建築された。イングランドのエドワード1世が現在の石造りの城の建造を開始した1283年には、11

世紀後半からノルマン人のモット・アンド・ベーリー型の城がそこにあった。さらにこの地にはかつて古代ローマ人の砦があり、チェスターのディーヴァ（Deva）につながるローマ街道が延びていた。

　エドワード1世は、1283年に独立国家ウェールズ公国を征服したのに伴い、この地域を平定するために城を築き、城塞都市を建設した。城が建設されるなか、カーナーヴォンの周りには市壁が構築された。着工から1330年の終了までの48年間の建造費は2万5000ポンドであった。城は、外側からはほとんど完成した状態に見えるが、内部の建造物はもはや残存せず、それに建築設計の多くも完了しなかった。1294年から1295年にかけてのイングランドに対する反乱で、カーナーヴォンの町と城は、サウェリン・アプ・グリフィズ（ルウェリン・アプ・グリフィズ）の遠縁マドッグ・アプ・サウェリン（マドッグ・アプ・ルウェリン）軍によって破られたが、1295年にイングランド軍が再度攻略した。1400〜1415年のグリンドゥールの反乱では、1401年、オワイン・グリンドゥール（オウェン・グリンドゥル）軍により包囲され、1403年と1404年に包囲攻撃されても持ちこたえた。1485年にテューダー朝がイングランドの王位を得ると、ウェールズとイングランド間の緊張は弱まり始め、城はそれほど重要ではないと見なされた。その結果、カーナーヴォン城は荒廃状態に陥っていった。そんな荒れ果てた状態にもかかわらず、イングランド内戦時代、カーナーヴォン城は国王派の要塞となり、議会派軍に3度取り囲まれた。城が戦争に使われたのはこの1646年が最後であった。城は国が修繕資金を投じる19世紀まで放置されていた。カーナーヴォン城は、1911年（後のエドワード8世）と1969年（後のチャールズ3世）にプリンス・オブ・ウェールズの叙位式に使用された。また、国際連合教育科学文化機関（ユネスコ、UNESCO）世界遺産の「グウィネズのエドワード1世の城郭と市壁」の一部として登録されており、ウェールズ政府の歴史的環境保全機関であるカドゥ（Cadw）により管理されている。

カーナーヴォンの最初の砦は、西暦75年頃のローマ時代に築かれた。セゴンティウムと名付けられたこの砦（カストラ）は、現代の町の郊外となる。砦はセイオント川のほとり付近に設けられており、その砦はおそらくそこが隠れた安全な場所にあってセイオント川を経由した補給が可能なことから建設された。カーナーヴォンは、その名をこのローマ人の砦から得ている。

　イングランドのノルマン征服（ノルマン・コンクェスト）に次いで、ウィリアム1世（征服王）はウェールズに注意を向けた。1086年のドゥームズデイ調査（『ドゥームズデイ・ブック』）によれば、ノルマンのロバート・オブ・リズランが名目上ウェールズ北部全土を保有していた。ロバートは1093年にウェールズ勢力により殺害された。ロバートの所領を引き継いだ初代チェスター伯ヒュー・ダヴランシュ（ヒュー・オブ・アヴランシュ）は、3か所に城を築くことによる北ウェールズのノルマン支配を重ねて主張した。それらの1つはメリオネスシャー（*Meirionnydd*）のどこか、1つはアングルシー島の Aberlleiniog、そしてもう1つがカーナーヴォンに配置された。カーナーヴォンが城を建てる地として選ばれたのは、メナイ海峡へセイオント川が注ぐ、河岸に位置することから戦略上重要であったためである。このかつての城は、その1093年頃、セイオント川とメナイ海峡に囲まれた半島に建てられ、両側が水辺であり、その城塞は木材の柵（パリヤード）と土塁（モット、'mound [mount]'）に防御されたモット・アンド・ベーリーであったとされる。モットすなわち土塁は、後のエドワードの城に取り込まれており、もとのベーリー（包囲地）の位置はモットの北東であろうとされるが明らかでない。1969年のモット頂部の掘削では、中世の占有の痕跡は明らかにならず、いずれの証拠も残っていないことを示唆している。モットには、おそらくキープ（天守）として知られている木造の塔があった。ウェールズ勢力は1115年までにグウィネズ王国を奪還し、カーナーヴォン城はウェールズ公のものとなった。城に書き留められた同時代の文書から、大サウェリン（大

88

ルウェリン、サウェリン・アプ・イオルウェルス、ルウェリン・ア
プ・ヨーワース）や孫のサウェリン・アプ・グリフィズが時折カー
ナーヴォンに滞在したことが知られている。1282年3月22日、イ
ングランドとウェールズ間で再び戦争が勃発した。ウェールズ大公
サウェリン・アプ・グリフィズは、同年12月11日、戦死に追い込
まれた。サウェリンの弟ダヴィズ（デイヴィッド）が跡を継いで
ウェールズ独立の戦いを続行したが、彼も策略にはまり1283年6
月に捕らえられた。ウェールズ北部に侵攻したエドワードは、ド
ルゥイゼラン城（1283年1月）などを占領し、コンウィに自らの
城を置くようにすると、ダヴィズ・アプ・グリフィズの最後の牙城
であったドルバダーン城（1283年5月頃）を占領していた。その
後間もない夏には、エドワードはハーレフとカーナーヴォンにおけ
る築城を開始している。カーナーヴォン、コンウィ、ハーレフの
城は、ウェールズで当時極めて広壮なもので、その建造物は、北
ウェールズのスノードニア（エラリ）を囲む「鉄の輪」（鉄環、城
の鎖）となる他のエドワードの城とともに、イングランド人の支配
を確立する役割を果たした。

　ウェールズ北部にあったグウィネズ王国一帯を強固な軍により掌
握した1283年に建設が始まり、イングランド王家の住まいとイン
グランド支配に対する抵抗を封じ込めるための本拠地としてカー
ナーヴォン城を築いていった。城の設計ならびに建設を担った石工
棟梁は、ウェールズのエドワードの城の建設に重要な役割を果た
した熟練建築家で軍事技術者のマスター・ジェイムズ（セント・
ジョージのジェイムズ）であった。新たな石造城郭の建設は、カー
ナーヴォンを一変させる建築事業の一部であり、市壁が築かれて城
に接続され、同じく新しい岸壁が建設された。カーナーヴォンにお
ける構築の最初の言及は、1283年6月24日、城の用地を北の町か
ら分離する溝（溝渠）が掘られたことに始まる。永続的な防備が建
設中である間、一種の囲い柵（bretagium）が、防御のために敷地
の周囲に施された。木材は遠くリヴァプールから運ばれた。石材は

89

アングルシー島や町の周囲といった近場から採石された。何百人もの労力によって堀の掘削や城の基礎の開削作業がなされた。敷地が拡大するにつれ、それが町にもおよび始めると、家屋はその建設を可能にするために一掃されたが、住民は3年後まで代償を支払われなかった。石の壁の基礎が造営されている間、エドワード1世と王妃エリナー・オブ・カスティルのために木骨造りの区画が建設された。彼らは1283年7月11日か12日にカーナーヴォンに到着すると、1か月余り滞在した。

　カーナーヴォン城の建設は1283〜1284年の冬も続けられた。1284年3月19日に発布されたリズラン法令（ウェールズ法）により、カーナーヴォンはグウィネズの自治および行政の中心的シャイアとなった。建築史家アーノルド・テイラーは、エドワードとエリナーが1284年4月の復活祭（イースター）に再訪した際、鷲の塔（Eagle Tower）が完備されたのではないかと推測したが、完成については明らかでない。伝説によれば、1284年4月25日、エドワード1世の王子エドワード（後のエドワード2世）が、建設中の城内（鷲の塔）で生まれ、翌26日、エドワード1世はウェールズの諸侯らに、ウェールズ大公となる子であると紹介したという。彼はエドワード・オブ・カーナーヴォンとも呼ばれていた。1284年に、カーナーヴォンは40人の守備隊により防衛されており、コンウィやハーレフの総勢30人余りの守備隊を上回っていた。さらに平時には、ほどんどの城はほんのわずかの衛兵しかなかったが、カーナーヴォンはその重要性によって20〜40人に守られていた。1285年には、カーナーヴォンの市壁がほぼ完成した。加えて城郭における作業が継続された。建設費は、1289年からはごくわずかとなり、収支報告は1292年に終了している。1292年までに、カーナーヴォンの城と市壁の建設に1万2000ポンドを要していた。南の壁と市壁によりカーナーヴォンを取り囲む防御網が完成したことで、その構想は最後に城郭の北のファサード（façade）を建設することであった。1294年、ウェールズ公マドッグ・アプ・サウェリン率い

る反乱が勃発した。カーナーヴォンはグウィネズの行政の中心地であり、イングランドの権力の象徴であったため、ウェールズによる攻撃の的となった。マドッグの軍が9月に町を占領するなか市壁に大きな被害を与えた。城は溝渠と間に合わせのバリケードだけで防御されていた。それはすぐに取り込まれ、可燃性のものはすべて放火された。火はカーナーヴォン全域に燃え広がり、そこに破壊の爪痕を残した。しかし1295年の3月には、イングランドが全ウェールズを制圧し、カーナーヴォンは奪還された。

　1285年に大部分が完成した市壁は再建され、城とつながる。1295年11月には、イングランドが町を再強化し始めた。市壁の再建が最も必要であり、1195ポンド（当初の市壁建設のほぼ半分の費用）が経費に充てられ、予定より2か月早く事業は完了した。次いで焦点が城に移ると、1292年に中止した作業の完遂にあたった。1295年にひとまず反乱が鎮圧されると、エドワードはアングルシー島にビューマリス城の建設を開始した。その作業はマスター・ジェイムズにより監督され、結果として、ウォルター・オブ・ヘレフォードが建設の新たな段階の石工棟梁として引き継いでいた。1301年末頃までに、さらに4500ポンドが作業に費やされ、作業の中心は北の壁と塔にあった。1301年11月から1304年9月にかけての収支記録は見当たらず、おそらくはスコットランドに対するイングランドの戦争を補うために労働力が北に移行した間に作業の中断があったものとされる。記録では、ウォルター・オブ・ヘレフォードはカーナーヴォンを離れて1300年10月にはカーライルにいて、カーナーヴォンで建設が再開される1304年の秋まで、彼はスコットランド戦争に専念していた。ウォルターが1309年に亡くなると、その直属の部下ヘンリー・ド・エラートン（Henry de Ellerton）が石工棟梁の責務を引き継いでいる。1323年には現在の様子に似た状態となったといわれるが、建設は1330年まで一定の割合で継続された。1283年から1330年に収支報告が終了するまで、カーナーヴォンの城と市壁に2万5000ポンドが費やされた。エドワード1

世のウェールズ征服による築城においては、1277年から1304年までに8万ポンド、同じく1277年から1329年までに9万5000ポンドの費用を要している。そういった当時における莫大な金額はまた、12世紀後半から13世紀初頭の極めて価値が高くかつ壮大な要塞であったドーヴァー城やノルマンディーのガイヤール城などの城への出費を妨げた。後のカーナーヴォンの増築は大したものでなく、城跡は大体がエドワード時代からのものである。その出費額にもかかわらず、城に計画されたものの多くが完遂されることはなかった。王の門（King's Gate、町からの入口）と王妃の門（Queen's Gate、東〈南東〉からの入口）の背後は未完成のままであり、城郭の内部の土台部分が、作業が続けられれば建物を擁したはずの痕跡を見せている。

　ウェールズの征服後約2世紀、国の統治のためにエドワード1世により制定された配置はそのままであった。この時代、城には守備隊が常駐しており、カーナーヴォンは事実上北ウェールズの首都であった。民族対立を根底とするウェールズ人とイングランド征服者間の緊張は、15世紀初頭にグリンドゥールの反乱（1400－1415年）の勃発に及んでいった。蜂起の間、カーナーヴォンはオワイン・グリンドゥールの軍の標的の1つであった。町と城は1401年に包囲され、同年11月、グリンドゥールによるトゥトヒルの戦いがカーナーヴォンの防衛隊と蜂起軍の間に繰り広げられた。1403年および1404年には、カーナーヴォンはフランス軍からの支援によってウェールズ人部隊に包囲されている。1485年にテューダー朝がイングランド王の座に就いたことで、ウェールズに変化をもたらし始めた。ヘンリー・テューダーはウェールズ出身であり、ヘンリーの統治はウェールズとイングランド間の対立を和らげた。結果として、カーナーヴォン城のような、国が統治するために難攻不落の拠点を備える重要性は薄くなり、それらの城は放置された。

　カーナーヴォンの場合、町や城の壁は良好な状態にあったが、屋根など保守を要するものは崩壊の様相を呈しており、多くの木材

は腐っていた。城の7基の塔と2棟のゲートハウス（門塔）のうち、1620年には鷲の塔と王の門だけに屋根があるといった寂しい状態であった。城内の敷地の建物は、ガラスや鉄などの高価なものは剥ぎ取られていた。敷地の建物の荒廃をよそに、城の防御は十分な状態にあり、17世紀中頃のイングランド内戦においては国王派が駐屯した。カーナーヴォン城は戦争のなか3度包囲された。城代（constable）はジョン・バイロンで、1646年にカーナーヴォンを議会派軍に明け渡した。カーナーヴォン城が交戦を見たのはこれが最後であった。1660年に城郭および市壁は取り壊すよう命じられたが、作業は早い段階で中止され、開始されなかったものと考えられる。廃城（slighting）を逃れたにもかかわらず、城は19世紀後半まで放置されていた。1870年代になって、政府はカーナーヴォン城の修繕に資金を供給した。城代補佐のルウェリン・ターナーが作業を監督し、現存する石積みを単に保存するのではなく、多くの場合に物議を醸すような城の修復や再建がなされた。階段、胸壁、屋根が修繕され、城郭の北の堀では、その土地の人の抵抗にもかかわらず、中世より後の建物が景観を損なうものとして一掃された。Office of Works および1908年からはそれを継承した保護のもと、城はその歴史的意義により保存されていった。19世紀前半には、セイオント川に面した地域はカーナーヴォン港拡張のため埋め立てられ、現在はカーナーヴォン城の駐車場の一部となっている。

　カーナーヴォン城はその建設時からずっと国王のものであったが、現在はウェールズの歴史的建造物の維持・管理を担うウェールズ政府の歴史的環境保全機関であるカドゥ（*Cadw*）によって管理されている。1986年、カーナーヴォンは、その世界的な重要性が認められ、その保存や保護の支援のために「グウィネズのエドワード1世の城郭と市壁」の一部としてユネスコの世界遺産に登録された。城内にはイギリス陸軍の連隊の1つロイヤル・ウェールズ・フュージリア連隊（プリンス・オブ・ウェールズ師団の1部隊）の連隊博物館がある。2015年には、歴史建築会社ドナルド・

インソール・アソシエイツにより設計された新「エントランスパビリオン」（入口分館）が建設された。カーナーヴォン城は今日の主要な観光地であり、2018年には20万5000人余りがこの城を訪れている。

　カーナーヴォン城の設計は、ウェールズの新たなイングランド統治の象徴として強い印象を与える構造物にしたいという要求に半ば影響された。カーナーヴォンがウェールズ北部の行政の中心地になったことから、これはとりわけ重大であった。エドワードの城の配置はおおむね地勢より決定されたが、先の城のモット（土塁）も包含している。城郭は東西に長く、幅の狭い囲いで、およそ8の字のような形をしている。城内は東と西にそれぞれ上の内廓（Inner Bailey, Upper Ward）と下の外廓（Outer Bailey, Lower Ward）の2つの「廓」（曲輪）の囲い地に分割され、東側の内廓には王室の宿泊施設が含まれたが、これは完成しなかった。その分配は一連の防御を施した建物より配置されるはずであったが、これらも構築されなかった。幕壁（カーテンウォール）に沿って側射できるよう配置された多角形の塔がいくつか点在する。壁や塔の頂部に狭間胸壁があり、南面沿いには射撃の桟敷があって、北面伝いにもその桟敷を備える予定であったがそれらは築かれなかった。これが一体化されたならばカーナーヴォン城は、中世まれに見る射撃力が集積されたものであったといわれる。塔の多くは1階（地階）を含めて4階建てであり、城の西角にある鷲の塔が最大であった。その塔にある3つのタレット（小塔）は、かつて鷲の像を載せていた。塔には大きな滞在場所があって、おそらくはウェールズの初代の総督（justiciar）であったオットー・ド・グランドソンのために構築された。1階には水門（Water Gate）があり、セイオント川からの来訪者はそこから城に入ることができた。また水は、名前のもととなった井戸の塔（Well Tower）の井戸から汲み上げられた。

　カーナーヴォン城の外観は他のエドワードの城の様相とは異なり、壁に縞模様の色の石材が使用され、その塔は多角形であって円

形でない。これらの特徴の解釈について多くの学術的議論があった。城の連鎖型城郭の設計は、初期のイギリスの城と比較して精巧であり、城壁はかつて第8回十字軍に参加したエドワード1世が見たコンスタンティノープルの城壁を参考にしたともいわれる。ビザンティン・ローマ帝国からの形象の意識的な使用については、エドワード1世の権威の証しであり、ローマ皇帝マグヌス・マクシムス（マクセン・ウレデク）の伝説的な夢に影響されたとする。マクシムスは夢の中で、山の多い地方の島の向かいにある河口の町に「人がこれまでに見た最も美しい」砦を見ていた。エドワードは、これはセゴンティウムがマクシムスの夢の町であったことを指すものと解いて、カーナーヴォン城を建設する際に帝国のつながりを利用したとされる。その後の研究の1つでは、カーナーヴォンの設計は確かにエドワードの権威の象徴であったが、それはブリテン（ブリタンニア）のローマの地を引き継ぐような印象を促し、王におけるアーサー王の正系をほのめかすように仕向けることにあったとしている。2つの表口があり、1つは町から通じる王の門で、もう1つは町を通らず城に直接入る女王の門である。それらの様式はその時代に典型的なもので、2つの両側の塔（側堡塔）の間に通路がある。王の門が完成していたならば、来訪者は2つの跳ね橋を渡り、5か所の扉口と6か所の落とし格子の下を通過して、直角に曲がるように通り抜けて下の外廓の前に出ていた。その経路は多くの矢狭間と殺人孔によって監視されていた。エドワード2世の像が町を見渡す王の門の入口の上の壁龕（ニッチ）に立っている。建築史家アーノルド・テイラーによれば、「カーナーヴォン城の大きな左右一対のゲートハウスほど中世の要塞の量感的な力強さをより顕著に示す建物はイギリスにない」とされる。王妃の門は、入口が地面より上にあるという点で異例であり、これは先のモットの統合において、内側の地盤面が隆起していることによる。外面的に、門には石の傾斜路による通路があったはずであるが、もはやそこに残ってはいない。幕壁（カーテンウォール）とその塔は大部分が損なわ

れずに残っているが、城郭内にある構造物の遺構はすべてが土台である。王室の滞在場所は内廓にあり、外廓には台所（Kitchens）などの建物があって、台所は王の門のすぐ西に位置している。それらのわずかな土台に基づき、テイラーは、台所はしっかりと建てられていなかったという。城の廓内のもう1つの重要な特徴は大広間（Great Hall）であり、これは外廓の南側に接していた。その基礎のみ残存するが、大広間は壮麗な建築物であり、王室の催しの会場に使われていた。カーナーヴォンがもくろみ通りに完成していたならば、数百人の王室一族が収容できたものとされる。

　宏と純子は、1975年、最初にケンブリッジに来た際に、2人の子供達を連れて、車で湖水地方に行ったことがある。湖水地方の印象はまだ寒さが残っている時期であったこともあり、あまり良かったとは言えない。
「暖かい時期であれば、もっと楽しんだと思うなあ。B&Bに宿泊したね。将来、機会があれば、2人で再訪したいね」と宏は純子に話しかけた。
　その機会が、何度目の時かは忘れたが、夏頃、ケンブリッジ大学に文献調査で訪れた際に、巡ってきた。この時も純子を同伴していた。
　また、ケンブリッジ大学では勤務先の筑波大学社会人大学院で指導していた博士課程の卒業生と会って、指導することになっていた。ロースクールで彼の論文を指導した後、ケンブリッジの中心地であるマーケットプレイスに3人で行って、昼食を共にした。当時、彼は三井物産の欧州支社で法務担当の責任者を務めていた。

「今度は、ぜひ行くことにしよう。2人だけだから気軽に行けるだろう。一度ロンドンに出て、湖水地方方面行きの列車を利用すればよい」と宏は純子に相談した。
「大賛成よ。ビアトリクス・ポターとウィリアム・ワーズワスのこ

とも、もっと知りたいわ」と純子は大喜びであった。

　宏は、湖水地方のB&Bの情報を調べて、眺望の良いB&Bに予約のためメールを送って、宿を3泊確保した。

　湖水地方（Lake District）[4]は、イングランドの北西部・カンブリア郡に位置する地域の名称である。氷河時代の痕跡が色濃く残り、渓谷沿いに大小無数の湖が点在する風光明媚な地域で、イングランド有数のリゾート地・保養地としても知られる。The Lakes、Lakelandなどとも呼ばれる。

　湖水地方のほとんどの地域に相当する約2300 km²は、1951年にレイク・ディストリクト・ナショナル・パーク（Lake District National Park）と呼ばれるナショナル・パーク（National Park）に指定された。イングランドとウェールズにある13のナショナル・パークにおいては最も広い面積を持ち、イギリス全体でみてもスコットランドにあるケアンゴーム・ナショナル・パーク（Cairngorms National Park）に次いで2番目の広さを誇る。その範囲が2017年に世界遺産リストに登録された。湖水地方は今から約1万5000年前の最終氷期の終了とともに形成されたと考えられている。氷河が衰退するとそのあとには氷河が土砂を削り取ったU字谷や圏谷が残る。これらはその多くが水を溜めこみ湖となった。湖水地方近辺は緯度が高く、平均気温が低いために遷移が進みづらく湖とならなかった部分は岩場やムーア（湿原）が形成されてシダなどが繁茂した。森林限界以下にはオークが茂り、19世紀にはマツのプランテーションが開かれた。標高800 mから900 mあまりの山がいくつもあり、イングランド最高峰のスコーフル・パイク（標高978 m）を擁し、イングランドでもっとも深い湖もある。

　また、地形は以下のようにいくつかの区分に分けられている。

　　中央高原（central fells）、北西高原（north western fells：北西高原は湖水地方の北西部、ボロウデール〈Borrowdale、渓谷〉や

Bassenthwaite Lake から、バターミア〈Buttermere、湖〉までの間の地域を指す)、西部 (western fells)、東部高原 (eastern fells)、極東高原 (far eastern fells)、南東高原 (south eastern fells)、南西高原 (south western fells)、中央部

　湖水地方は第11回世界遺産委員会 (1987年) で複合遺産として審議されたときには見送られ、文化遺産として推薦された第14回世界遺産委員会 (1990年) では、適用する基準などをめぐって委員会審議がまとまらずに見送られた。2017年の第41回世界遺産委員会では、新たに文化的景観 (世界遺産上の分類としては1992年に採用) として推薦され、登録された。

　ピーターラビット (Peter Rabbit)[5] は、ビアトリクス・ポターの児童書に登場する主役キャラクターであり、シリーズ作品の総称ともなっている。「ピーターうさぎ」と翻訳されている場合もある。1893年9月4日にビアトリクス・ポターが友人の息子に宛てた絵手紙が原型である。1902年には初の本『The Tale of Peter Rabbit (日本語タイトル：ピーターラビットのおはなし、ピーターうさぎ、ピーターうさぎのぼうけん)』が出版された。ピーターラビットシリーズの累計発行部数は全世界で2億5000万部を超え、第1作の『ピーターラビットのおはなし』の発行部数は全世界で4500万部を超えている。

　ヘレン・ビアトリクス・ポター (Helen Beatrix Potter、1866年7月28日－1943年12月22日)[6] は、ピーターラビットの生みの親として知られるイギリスの絵本作家。ヴィクトリア時代の上位中産階級に生まれ、遊び相手も少ない孤独な環境で育つ。教育は家庭で行われ生涯学校に通うことはなかった。幼いころから絵を描くことを好み、多くのスケッチを残している。さまざまな動物をペットとして飼育し、キノコにも興味を持ち学会に論文を提出したこともあっ

た。絵本作家としての原点は、1902年に出版された『ピーターラビットのおはなし』で、これは元家庭教師の子どもに描いて送った手紙が元になっている。39歳で婚約するが、わずか1か月後に婚約相手が死去する。その後、たびたび絵本にも登場する湖水地方において念願の農場を手に入れ、47歳で結婚した。結婚後は創作活動も少なくなり、農場経営と自然保護に努めた。死後、遺灰はヒル・トップに散骨されている。創作活動の期間は十数年と長いものではなかったが、ピーターラビットの絵本シリーズは児童文学の古典として、世界各国で親しまれている。持ち前の観察力により生き生きとした動物を描き、秀れた絵と文で構成された作品の裏側にはポターの束縛と抑圧からの解放、自由への憧れが込められていると見るものもいる。自身のプライバシーを守ることに厳しく、散骨場所は夫にさえ教えなかったため不明となっている。関連商品の販売を提案、積極的な著作権の管理など実際家としての一面も持つ。湖水地方特有の羊、ハードウィック種の保護、育成に尽力し、羊の品評会では数々の賞を獲得するなど畜産家としても成功を収めた。生前から設立されて間もないナショナル・トラストの活動を支援しており、遺言によりナショナル・トラストに寄付された土地は4000エーカー以上であった。

　ヘレン・ビアトリクス・ポターは1866年7月28日に、ロンドンのサウス・ケンジントン、ボルトン・ガーデンズ2番地において、父ルパートと母ヘレンの長女として生まれた。当時は産業革命が起こり、イギリスは世界の工場と呼ばれた時代であった。ビアトリクスは、この時代に台頭してきた上位中産階級の裕福な家庭に生まれている。父方の祖父であるエドマンドは世界最大のキャラコ捺染工場の経営者であり、国会議員にもなった人物であった。母方の家系も木綿で財を成しており、ビアトリクスが生まれたころは5人の使用人を雇っており、さらに幼いビアトリクスのために新しく乳母（ナース）を雇い入れている。ビアトリクスのファーストネームは母親と同じヘレンであったため、彼女はセカンドネームのビアト

リクスで呼ばれ、親しい者にはBと呼ばれていた。父親のルパートは法廷弁護士の資格を取得していたが、弁護士としての仕事は一切せずに紳士クラブに通い、趣味に明け暮れる毎日であった。父は当時実用になり始めた写真を趣味としており、このおかげで幼い頃のビアトリクスの写真も残されている。また『オフィーリア』で著名な画家、ジョン・エヴァレット・ミレーとも親しくしており、ミレーのために背景用の風景写真やモデルの撮影を行っている。ミレーが自身の孫を描いた『しゃぼん玉』はルパートの写真を参考に制作されている。ビアトリクスは少女の頃ミレーに絵を見てもらったことがあり、ミレーはポターに対し「絵の描ける人間は多いが、あなたと私の息子ジョンには観察力がある」と評価している。両親はともにキリストの神性を信じないユニテリアン派キリスト教徒であった。そのためクリスマスは寂しくつまらないものであったようで、他家のクリスマスをうらやむ描写がポターの日記に存在する。ロンドンにあった4階建ての生家は、第二次世界大戦のときに爆撃を受けたため破壊されてしまい、跡地にはバウスフィールド小学校（Bousfield Primary School）が建っている。ビアトリクスは乳母と家庭教師（ガヴァネス）によって教育され、4階の子ども部屋から階下の両親に会いに来るのは特別なときか「おやすみなさい」を言うときだけであった。親が認めない子と遊ぶことも許されないため、ビアトリクスは弟のバートラムが生まれる5歳までは、遊び相手が存在しなかった。しかしこれは当時の中流階級の家庭では特段珍しいものではなかった。良家の女児は学校へは行かず、家庭教師によって教育が行われることが一般的であり、ポターもまた例外ではなかった。一度も学校に通わなかったポターであったが、後年「学校に行かなくて良かった。行っていれば独自性が潰されてしまっていただろう」と述べており、学校に行けなかったことを後悔する節はない。少女時代は飼っているペットを観察しスケッチに残すか、他の何かの絵を描いていることが多かった。孤独で変化に乏しい毎日であったが、ポターは従順にそれを受け入れている。しかし、成

長するにつれ抑圧された自我は吐け口を求め、15歳から31歳まで独自の暗号を使った日記に日々のことを書き綴っている。どこかに出かけた話や、誰かから聞いたジョーク、出会った人物の批評、時事問題などさまざまなことが、非常に細かなところまで詳細に記されており、ポターが若い頃から鋭い観察眼を持った女性であったことがわかる。この暗号日記はポターの死後10年以上も解読されずにいたが、1958年にレズリー・リンダーが解読に成功しており、それまで不明だったポターの若いころのことが一挙に明らかになっている。

　ポター家は毎年夏になるとスコットランドの避暑地へ行き、3か月から4か月ほど過ごしていた。しかし、1882年に避暑地のオーナーが変わり家賃を値上げしてきたため、新しい避暑地を探すこととなった。一家はスコットランドを諦め、イングランド北部の湖水地方、ウィンダミア湖の湖畔に建つレイ・カースルという城のような大きな屋敷を借りることにした。これが後にポターと深いつながりを持つ湖水地方との最初の出会いとなった。作家として、また自然保護運動家としてのポターに大きな影響を与えたハードウィック・ローンズリーもこの時に出会っている。社交的な父、ルパートは常に客と会話を楽しんでいたが、その中に地区の教区牧師であったローンズリーもいた。ローンズリーは牧師を務めるうちに湖水地方の美しい自然を愛するようになり、ナショナル・トラストの前身である湖水地方防衛協会を準備しているところであった。18世紀に始まった産業革命が自然の破壊をもたらし、これに危機感を持った人々が自然を保護し次世代へ伝えようとする運動が起こり始めた時代であった。ローンズリーも危機感を持った人間の一人で、鉄道の敷設や大型四輪馬車道路の建設などに反対運動を起こしていた。ローンズリーが語る自然保護の理想にポターは賛同していった。父ルパートも大いに共感し、後の1895年にローンズリーらが設立したナショナル・トラストの第1号終身会員となっている。

　ポターが自身の作品で初めて収入を得たのは、ポターがまだキノ

コに夢中になっているころの1890年であった。印刷機の購入資金について難儀していたポターは叔父のロスコーに相談し、親族らに贈っていたクリスマスカードを販売するよう助言を受けた。ポターは、ベンジャミン・バウンサー（ベンジャミン・バニー）と名づけたペットのベルギーウサギをモデルに6枚のカードをデザインした。出版社に持ち込んだ絵は1社には断られたものの、次の出版社はポターのイラストにその場で6ポンドを支払った。結局ポターの作品はクリスマスと新年用のカード、それとフレデリック・ウェザリーの詩集『幸せな二人づれ（*A Happy Pair*）』の挿絵として使われた。ポターはこの結果を喜び、モデルとなってくれたベンジャミンに麻の実をカップ一杯与えている。自信をつけたポターは出版社数社にスケッチや小型本を送ったが、これは出版には至らなかった。ポターの最初の本『ピーターラビットのおはなし』は子どもに宛てた手紙がきっかけとなって出版された。ポターは自分の元家庭教師アニー・ムーア（旧姓カーター）とその家族と親しくしており、たびたびムーア家の子どもたちに絵手紙を送っていた。1893年9月4日にはアニーの5歳の男の子ノエルにウサギの話を送っている。ポターはアニーの勧めもあり、これらの話を本として出版することに決め、親しくしていたローンズリーに出版について相談した。ローンズリーは詩作などの創作活動も行っていたことから出版社に顔が広く、ポターの作品は彼が紹介した出版社、少なくとも6社に持ち込まれた。ポターは小型本での発行を望み、また子どもが購入できるよう安価にしたいと考えていたが、それは出版社の望むところではなく、出版の承諾はひとつたりとも得られなかった。ポターは自費出版することに決め、1901年12月16日に初版250部が完成した。完成した『ピーターラビットのおはなし（*The Tale of Peter Rabbit*）』は知人や親戚にクリスマスプレゼントとして贈り、残ったものは1冊1シリングに郵送料を加えた価格で販売した。この小さな本は評判となり1、2週間で売り切れてしまった。購入者にはアーサー・コナン・ドイルもおり、内容について高い評価を与

えている。追加で200部が増刷され、その後一部語句を改め表紙の色を変えた1902年2月版を発行した。ローンズリーはこの間、商業的に出版できる会社を探し出そうとしており、ポターの散文を自身の韻文に改めて出版社に持ち込んでいた。ローンズリーの持ち込んだフレデリック・ウォーン社は絵本作家のレズリー・ブルックに相談し、「成功間違いなし」との返答を得ると、『ピーターラビットのおはなし』の出版を引き受けることとなった。ただし韻文から散文に戻すことと、挿絵を30点に絞り、全てカラーにすることが条件であった。1902年10月2日、『ピーターラビットのおはなし』の初版8000部が発行された。初版は1シリングの厚紙装丁版と1シリング6ペンスのクロース装丁版が存在した。8000部は予約で売り切れ、年内に2度増刷し、1903年末までには5万部を売り上げる結果となった。ウォーン社はアメリカで出版する際に版権を取らなかったため、1904年には海賊版が出回る事態となっている。ポターはアニーの別の子どもに、仕立て屋の話をクリスマスプレゼントとして贈っていた。ポターはこの話も本にすることに決めたが、まだ『ピーターラビットのおはなし』の結果が出ていないことと、自分の望む形の内容で出版したかったことから、またも自費出版で出すことに決めた。1902年5月に『グロースターの仕たて屋』は500部印刷された。ウォーン社は内容に少し手を加え、第3作目の『りすのナトキンのおはなし』とともに1903年に出版した。これ以降、およそ年に2冊の割合でポターの作品がウォーン社から出版されるようになる。

　フレデリック・ウォーン社は創業者の息子3人によって経営される家族経営の会社であった。ポターと連絡を取り合っていたのは一番下のノーマン・ウォーンであった。ノーマンとは毎日のように手紙のやり取りを交わしており、ウォーン社にもたびたび出向いていたため、ポターはウォーン家と親しくなっていった。ポターにとって実家は窮屈で居心地が良くなかったこともウォーン家に親しみを感じる一因となった。次第にポターとノーマンはお互いに惹かれあ

うようになり、ノーマンが営業で会社を離れているときは、ポター
はウォーン社とまともに連絡を取り合おうとしない有様だった。2
人の親密さは深まる一方であったが、ポターの母ヘレンは快く思っ
てはいなかった。『2ひきのわるいねずみのおはなし』に登場する
人形の家をスケッチするため、ノーマンとポターは2人で出かける
ことを計画したが、ポターの母親は2人だけの外出を許そうとはせ
ず、結局スケッチは写真を見て行うことになった。母親の束縛に落
胆するポターであったが、本の売れ行きは順調であったので、いつ
か自立できるに違いないと将来を明るく考えてもいた。

　1905年7月25日ノーマンからポターへ結婚を申し込む手紙が届
いた。無論ポターはこのプロポーズを喜んだが、ポターの両親の反
応は全く違うものであった。両親は自分たちの娘が商売人と結婚
するようなことを認めなかった。自分たちの先祖も商人であった
にもかかわらず、家の格が違うことを気にしたのである。しかし、
ポターも当時39歳であり決意も固く、両親の反対を押し切りプロ
ポーズを受けることにした。ただし両親が条件として出した「婚約
のことはごく限られたものだけにしか知らせず、ノーマンの兄弟に
も知らせない」という約束を守らねばならなかった。ところがプロ
ポーズの手紙から1か月後の8月25日、ノーマンはリンパ性白血
病のため37歳でこの世を去った。ポターは悲しみに暮れたが、秘
密の婚約であったため、誰にもその胸の内を明かすことはできな
かった。

　フィアンセを失ったポターであったが、思い切って湖水地方のニ
ア・ソーリーにあるヒル・トップの農場を購入することに決めた。
以前に湖水地方に来たときからニア・ソーリーを気に入っており、
いつか物件を購入したいと願っていたのである。また当時の日記に
は、農場での仕事がノーマンの死の悲しみを癒やしてくれると記さ
れている。このころの作品には湖水地方に実在する建物や人物がた
びたび登場する。『こねこのトムのおはなし』ではヒル・トップの
家や庭が舞台となっている。絵本は順調に売り上げを伸ばし印税収

104

第6章　ウェールズ・湖水地方方面

人も着実に増えてくると、ポターはナショナル・トラストを支援するため湖水地方の土地や建物を購入していった。不動産の購入だけでなく、水上飛行機の飛行場ができるという噂が立ったときは、抗議文を雑誌へ投稿したり、建設反対の署名運動も行っている。こうした自然保護活動のために購入した土地や建物が増えると、その管理には弁護士が必要となり、ポターはウィリアム・ヒーリスという弁護士に売買契約や諸手続きを依頼することにした。ヒーリスはポターの自然保護運動に共感し、不動産取引のやり取りが増えるにつれ２人の仲は深まり、ついに1912年６月ヒーリスはポターに結婚を申し込んだ。結婚について聞かされたポターの両親はまたしても格の違いを理由に結婚に反対した。このときポターは46歳であった。困り果てたポターを救ったのは弟のバートラムであった。スコットランドで農夫として生活していたバートラムは実は11年前に結婚しており、それを初めて家族に打ち明けたのであった。娘の結婚に対する反対はやがて弱まり、1913年10月15日にウィリアム・ヒーリスとビアトリクス・ポターはロンドンにあるセント・メアリー・アボット教区教会で結婚式を挙げた。結婚の慌ただしい時期に作られたのが『こぶたのピグリン・ブランドのおはなし』である。この作品はポターには珍しく男女の愛が描かれた作品となっており、ポターは友人への手紙でこの作品のモデルは私たちではないと、わざわざ断りを入れている。しかしながら多くのものはこの作品をポターの幸せな日々と重ねて見ている。ビアトリクスの結婚から１年も経たない、1914年５月８日に父のルパートが亡くなった。父親は癌に罹患し、ポターは見舞いのため４か月間で８度も実家とニア・ソーリーを往復している。残された母親のため、ポターはニア・ソーリーに新たに家を借り入れている。また、４年後の1918年には最愛の弟バートラムが農作業中に脳溢血で死去している。ポターはこの悲しみをローンズリーに手紙でつづっている。ポターとウォーン社とのやり取りは続いており、ノーマンの代わりに一番上の兄弟ハロルドがポターを担当していた。ハロルド

105

とは作中の言葉をめぐって対立するなどノーマンほどの信頼関係は築けず、またウォーン社から金銭の支払いが滞ることがたびたび起こっていた。支払いが滞っている原因はハロルドにあった。彼はウォーン社とは別に漁業会社も受け継いでおり、その運営のためにウォーン社の資金が流用されていた。ハロルドは資金調達のために詐欺も働いており、1917年に偽造罪で逮捕され、出版業から追放されてしまった。ウォーン社の経営は次男のフルーイングがとることとなったが、ウォーン社は今にも倒産の危機にあった。ポターは『アプリィ・ダプリィのわらべうた』『こねこのトムのぬりえ帖』を提供し、ウォーン社の再建を手助けしている。ポターはニア・ソーリーでの農村生活を楽しむ一方、創作活動への情熱は失われつつあった。理由のひとつには目が悪くなったこともあった。ニア・ソーリーに電気が通ったのは1933年のことで、それまでポターは目に負担のかかるロウソクやランプの明かりで制作を行っていた。また、農場経営にやりがいを見出したのも理由の一つであったかもしれない。そのような中、ニューヨーク公共図書館の児童図書責任者であり、児童文学評論家でもあるアン・キャロル・ムーアの来訪はポターを喜ばせた。ポターの作品は売り上げこそ良かったものの、その文学的評価はイギリスではまだ高くなく、権威ある立場のムーアが評価してくれたことはポターにとって大きな喜びと創作活動への刺激となった。新しいアメリカの友人ムーアとの出会いは『セシリ・パセリのわらべうた』の制作再開へとつながり、この本は1922年に出版された。1929年には、ポターはアメリカの出版社デイヴィッド・マケイの要請に応えて『妖精のキャラバン』を出版した。蚊帳の外に置かれたウォーン社は不満を募らせ、次回作の『こぶたのロビンソン』はアメリカ・イギリス両方で発売されることになった。1932年には『妹アン』がまたアメリカのみで出版されたが、挿画はキャサリン・スタージスが担当した。この作品はポター自身も子ども向けとは思っておらず、友人のアン・キャロル・ムーアも手厳しく批評している。この年の冬に母親のヘレンが93

第6章　ウェールズ・湖水地方方面

歳で亡くなっている。1924年には2000エーカー以上の広さを持つ大農場トラウトベック・パークを購入した。ポターはこれ以外にもニア・ソーリーに3つの農場を所有しており、この地方の大地主となった。ポターはトム・ストーリーという羊飼いを雇い、1927年にヒル・トップ農場の管理と品評会に出す羊の世話を行わせた。ヒル・トップの農場には湖水地方原産のハードウィック種が飼育されていた。ハードウィック種は個体数が減少しており、それを憂慮したローンズリーは1899年に「ハードウィック種綿羊飼育者協会」を設立し、保護に努めていた。ローンズリーを敬愛していたポターもハードウィック種の保護、育成に取り組んでいった。品評会では毎年数々の賞を勝ち取り、後の1943年にポターは「ハードウィック種綿羊飼育者協会」の次期会長に選出されている。ポターは就任前に死去してしまったが、就任していれば初めての女性会長となっていた。

　ポターは小さな頃から体が弱く、20代にはリウマチも患っていた。心臓も弱く晩年には「少女の頃にリューマチ熱を患ってから、私の心臓は、一度も正常だったためしがないのです」と述べている。1938年には10日間入院することになり、その3か月後には子宮摘出の手術を受けている。術後の経過は順調で、ガールズガイドに77歳の誕生日を祝ってもらうこともあったが、1943年の11月からは気管支炎にかかり病床に臥した。1943年12月22日、死期が近いことを知ったポターはトム・ストーリーを呼びつけ、自分が死んだ後のことを託した。ポターはその晩に亡くなった。遺灰はポターの遺言どおりにストーリーがヒル・トップの丘に散骨した。

　ポターはピーターラビットの関連商品を提案したり、積極的に著作権の管理に関わるなど実際家としての一面も持っていた。当時はやっと女性の社会進出も始まったころであり、ポターのように商取引に自ら乗り出して交渉事を行う女性は滅多に存在しなかった。ウォーン社と『ピーターラビットのおはなし』の出版契約を結ぶときには、版権がどちらに帰属するか、自ら確認を行っている。ま

107

た、弁護士であった父の名前を出しながら交渉に当たっており、暗に誤魔化しが利かないことを仄めかしている。ただし、父ルパートは弁護士の実務をこなしたことがなく、ポターが商売に携わることにも反対であったであろうと思われる。『ピーターラビットのおはなし』が発売されて2年後の1903年には、ポターは人形の販売を提案し、試作品を自らの手で作り上げている。この時は製造業者が見つからず販売までは至らなかったが、ロンドン特許局に意匠登録も行っている。他にもピーターラビットのボードゲーム、陶器、壁紙、文房具、ハンカチなどさまざまな商品化を企画している。商品化にあたっては常にポターが主導権を握っており、ポターは女性企業家のパイオニアだったと評価する声さえある。

　ポターの創作活動は十数年であり、36歳から47歳までの期間に集中している。その長くない時間の中で作り出した作品は、児童文学の最初の古典とも言われ、親子4代にもわたって読み続けられており、子どもも大人も魅了し続けている。ピーターラビットは英語からさまざまな言語に翻訳され、2015年の時点では35か国以上の国のことばで読まれている。ただし、世界観が本質的にイギリス的であるため翻訳は容易ではないとの指摘もある。ポター自身は「ピーターの長年の人気の秘密はどうもよくわかりませんが、たぶん彼や仲間たちが、生きることにせっせと励んでいるからなのでしょう」と述べている。また1905年にフルーイング・ウォーン夫人に宛てた手紙では、『ピーターラビットのおはなし』は誰かに頼まれて書いたのではなく、元々は身近な一人の子どものために書いたものだからこそ成功したのだろうと述べている。1936年にはウォルト・ディズニーからアニメ化の話もポター本人に持ち込まれているが、この時は長編のアニメーションにするとボロが出るとして断っている。ポターが描く動物たちは擬人化され二本足で立ち上がっており、内容も人間社会と同様の世界が描かれている。その反面、本物の動物らしさも十分に残されている。服を着た動物のキャラクターは、ピーターラビットが登場した20世紀にはすでにあり

第6章　ウェールズ・湖水地方方面

ふれたものとなっており、それ自体は当時から珍しいものではな
かった。しかし多くの動物を擬人化した作品では、あたかも人間が
動物のマスクを被っているかのようであり、動物が人間のように振
る舞っているポターの作品とは大きく異なっている。

　ウィリアム・ワーズワス（William Wordsworth、1770年4月7日
－1850年4月23日）[7]は、イギリスの代表的なロマン派詩人であ
る。湖水地方をこよなく愛し、純朴であると共に情熱を秘めた自
然讃美の詩を書いた。同じくロマン派の詩人であるサミュエル・
テイラー・コールリッジは親友で、*Lyrical Ballads*（『抒情民謡集』
1798）はコールリッジとの共著であった。英国ロマン主義六大詩
人の中では、彼が最も長命で、1843年に73歳で桂冠詩人となり、
1850年に80歳で亡くなった。ワーズワスは1770年、北西イングラ
ンドの風光明媚な「湖水地方」と呼ばれる、現代の国立公園の北西
はずれ、コッカーマス（Cockermouth, Cumbria）に、5人兄弟の第
2子として誕生した。父親は代々この地の貴族に仕える事務弁護
士、母親は東近郊のペンリスで衣料品店を営む商人の娘であった
が、母の一族には名門の親戚もいた。ワーズワスは当時典型的な
アッパー・ミドルのジェントルマン階級の家庭に生まれたことにな
る。兄弟は長男のリチャード、詩人となる次男ウィリアム、真ん中
の妹ドロシー、弟のジョンと末弟のクリストファーがいて、長兄は
父親と同業の事務弁護士となり、弟のジョンは商船の船員になった
が、1805年に海難事故で逝去。末弟のクリストファーはウィリア
ムに劣らず優秀でホークスヘッドからケンブリッジ、トリニティ・
カレッジに進学し、神学博士となり、後半生には高位の聖職者と
なり、トリニティのフェローを退職まで務めた。1778年、母の死
去と共に、ワーズワスの父は彼を兄弟とともに湖水地方の中心部
のホークスヘッド（Hawkshead）にあったグラマー・スクールに送
るが、この父もまた1783年に世を去った。ワーズワスは幼くして
両親を亡くし、コッカーマスの生家も持ち主の貴族に返し、帰る家

109

庭のない孤独な少年時代を送った。しかし妹のドロシーを除き兄弟は皆順序ホークスヘッドに学び、この地で幸福な少年時代を送り、湖水地方の自然とそこで暮らす人々のありようが心の慰めとなった。またグラマー・スクールでは教師にも恵まれ、この時期から英語の詩にも親しみ、すでに自ら創作するようになっていた。1787年、ウィリアムは選ばれてケンブリッジ大学のセント・ジョンズ・カレッジに進学する。在学中大学の褒章や成績にはあまり関心はなかったが、当時大量に中途退学者を出していたケンブリッジの中で卒業までこぎつけた彼は勤勉な学生だったと思われる。しかし学業より詩や自然に思いを募らせていた彼は休暇ごとに湖水地方に帰り、また1790年、ケンブリッジの最後の年の夏季休暇に至ると一人の友人とともにフランスからスイス・アルプスへの主に徒歩の旅をする。この旅で彼が得た印象は、想像以上に厳しいアルプスの自然と、革命下にあるフランス人の生き生きとした様子であった。これらの経験は『序曲』に描かれている。湖水地方への愛を深め、詩人になる決意を確認したのもこのころだった。大陸旅行から帰国しケンブリッジ卒業後、モラトリアム的な彼はロンドン滞在を経て1791年終わりに再度フランスに渡り長期滞在。当初フランス語の研鑽を目的とした彼であったが、ミッシェル・ボーピュイ（Michel Beaupuy）という革命軍将校と知り合い、革命思想を教示されるに至り、フランス革命の熱狂のなかで革命を支持するようになった。しかし「革命」の名のもとに民衆が行った蛮行（九月虐殺）の惨状を見て疑問を感じたが、なおしばらくは革命に希望を持ち続けた。このような革命初期のフランスに滞在したイギリス文人としてはワーズワスが代表格である。しかし彼は後年保守主義的になった。このフランス滞在中、ワーズワスはボーピュイの他、亡きフランス人医師の遺児、上流階級の年上の女性、アネット・ヴァロン（Annette Vallon）と恋に落ち、彼女は彼の娘を1792年末に出産するが、彼はその前に経済的理由などからイギリスへと一人で一旦帰国した。翌1793年初めにルイ16世の処刑と英仏間開戦があり、ワー

第6章　ウェールズ・湖水地方方面

ズワスはフランスへ戻ることも結婚もできなくなった。彼らはその後10年間会うことはなかった。

ワーズワスはこの後1793年に最初の2作品を出版するが、よい評価は得られず、フランスへも戻れず、開戦の衝撃もあり精神的危機（一般的に彼のモラル・クライシス：Moral Crisis と呼ばれる）に陥る。ロンドンではゴドウィンやフレンドなど、当時の英国の急進派とも接触し、友人や知人を頼り英国国内を転々としたこの頃がワーズワスの最もラディカルな時代である。彼はまだ無名だったが、政治パンフレット『ランダフ主教への手紙』(Letter to the Bishop of Llandaff, 1793) も書いたが未完で、当時すでに急進派の取り締まりが始まっており、出版もできなかった。この後しばらくワーズワスにとってモラル・クライシスの暗い日々が続いた。1795年、ワーズワスは英国各地を彷徨した後、ブリストルでサミュエル・テイラー・コールリッジと出逢う。後に2人は意気投合して親友となる。ワーズワスは妹ドロシーと合流し、ドーセットのレイスダウン・ロッジ居住を経て、1797年、サマーセットのコールリッジの住居（Coleridge Cottage, Nether Stowey, Somerset）の近く（Alfoxden, Holford）に転居する。こうしてワーズワスは妹との同居とコールリッジとの親交の中、数段階を経てモラル・クライシスから回復した。

1798年、ワーズワスとコールリッジは『抒情民謡集（Lyrical Ballads)』を共同で著し、出版する。当時の彼らの様々な創作活動の中で、当初軽い気持ちで出版したこの書物は、後に至り英国ロマン主義において画期的となる作品集と評価されることとなる。また第2版の1800年版にはワーズワスの散文の長いまえがきが添えられ、ワーズワスの詩論が表明されているが、これは英国ロマン主義のマニフェストともいわれてきた。なお、このサマーセット滞在の時期にワーズワスとコールリッジが政府のスパイに監視されていたことは有名で、コールリッジ自身の『文学的自叙伝』(Biographia Literaria, 1817) にユーモラスに記録されている。この後1798年か

ら1799年にかけての冬、ワーズワスはコールリッジ、ドロシーと共にドイツに旅行する。兄妹は間もなくコールリッジとは別れゴスラーに滞在する。ワーズワスは精神の圧迫にもかかわらず、後に『序曲（The Prelude）』と題されるコールリッジに宛てた自伝的長詩の作品を書き始め、また『ルーシー詩篇』を含む多数の代表的な詩を書き、一部は1800年の『抒情民謡集』第2版に収められた。このゴスラー滞在の後兄妹はニーダー・ザクセンのハルツ地方を彷徨するが、4月半ばに至りゲッティンゲンでコールリッジと再会するまでは何をしていたか詳細はわからない。一説に政府のスパイ活動をしていたのではないかという憶測もあったが、その可能性は否定された。1799年5月に入りイギリスに帰国したワーズワスは、幼なじみで後に結婚することになるメアリ・ハチンソン（Mary Hutchinson）の家族が経営するダラム郡の農場に滞在した後、12月末に湖水地方のグラスミア湖近くのタウン・エンド（Town End, Grasmere）に居を構える。後にダヴ・コテージ（Dove Cottage）と呼ばれる現存の住宅である。翌年コールリッジとロバート・サウジーもこの近く、湖水地方北部の中心地、ケジックのグリータ・ホール（Greta Hall, Keswick）に転居してくる。3人は「湖水詩人」として知られるようになる。この時期、ワーズワスが書いた詩の主題は、自然を愛でたものだけではなく、時事的なもののほか別離、忍耐や悲しみに関するものもあり、傑作の中・小品詩が多く、『抒情民謡集』第2版以降から1807年出版の『二巻詩集』（Poems in Two Volumes）に蒐集された。この1798〜1807年の頃が傑作を生みだしたワーズワスの驚異の時代と言われる。1802年、アミアンの和約で英仏間の往来が可能になり、アネットと娘キャロライン（カロリーヌ）に会うため、ワーズワスは妹ドロシーと共にフランスに旅行する。この旅はアネットとの関係を清算する意味があったようで、キャロラインの養育費についても話し合いがついた。帰国後この年の秋にワーズワスはメアリ・ハチンソンと結婚した。翌年、メアリは第一子ジョンを出産する。ドロシーは、この後もずっと生

涯兄とその妻、彼らの家族とともに同居を続けた。1807 年、ワーズワスは『抒情民謡集（*Lyrical Ballads*）』以降の抒情詩を蒐集した『二巻詩集』（*Poems in Two Volumes*）を出版する。彼の傑作詩を多く含んだこの詩集は、「大哲学的叙事詩」を期待していたコールリッジにとっては期待外れだったが、後にはワーズワスが評価される要因ともなった。しかしこのころまで経済的窮乏は続いていた。ワーズワスはグラスミアではタウン、エンドからアラン・バンク、グラスミア牧師館を転々としたが、この間 2 人の子を失っている。またあれほど親しくしていたコールリッジとも 1810 年頃から不仲になっていった。一方ワーズワスはこの時期に散文も書いており、1808 年には政府のナポレオンとの協定を批判する『シントラ協定』*Convention of Cintra* を書き始め翌年出版。さらに後に彼の『湖水地方案内』として詩集以上に人気を集めた散文の初版を 1810 年に無記名で公開している。なおグラスミアでは牧師館在住時にこの地の学校で教鞭もとったという。1813 年に至ると、親しくなったロンズデール伯爵ウィリアム・ラウザーより年収 400 ポンドの印紙販売官の職が与えられ、終生の地となるライダル湖畔の丘にあるライダル・マウント（Rydal Mount、現在の行政区分では Ambleside に属する）の広大な土地に邸宅を借り移住した。印紙販売官の事務所はアンブルサイドの町中にあり、ワーズワスはライダル・マウントから丘を越えて通勤したという。ワーズワスの父は先代のロンズデール伯爵ジェームズ・ラウザーの事務弁護士を長年務めていたが、報酬が未払いのまま両者とも死去していた。先代の死去の後に爵位を継承したウィリアム・ラウザーによりこちらの負債問題もすでに解決しており、ワーズワスは印紙販売官の公職ともども経済的に安定した。印紙販売官とは物品税の印紙の仲卸で、公務とはいえ国の徴税を事務的に執行する、体制側の仕事であった。しかしそれは主に当時のジェントルマン階級が就くに良いとされた公職の一種であった。このころまでにワーズワスは上流階級との付き合いが増えて考え方も保守化していた。1818 年に至りジョン・キーツが英国北部

を旅した時、ライダル・マウントも訪問した。しかし当時丁度下院議員の選挙運動期間で、ラウザー一家のトーリー党貴族の候補者を応援するため外出していたワーズワスに会えなかったことはキーツの書簡にも記され、よく知られている。

　ライダル・マウントに住み始めた翌年1814年に、彼の生前の最大作となる『逍遥』（The Excursion）が出版されたが、1810年代の英国文学批評界では真価が認められなかったことは、キーツの『エンディミオン』と同様である。1830年代からヴィクトリア朝にかけて『逍遥』は彼の生前よく読まれた作品となり、ワーズワスは大いに敬われる詩人となるが、現代では没後出版の大作『序曲』（The Prelude, 1805–1850）には及ばないと評価されている。かねてからコールリッジと話し合って企画していた大哲学詩『隠者』（The Recluse）の予告も1814年に公表されたこの『逍遥』の序で明らかにされるが、三部作の内生前公表されたのはこの作品だけで、1850年の没後出版となる『序曲』が文字通りその序とはいえ、『隠者』の計画は生涯果たされなかった。1815年には最初の全集（Poems）と『リルストンの白鹿』（The White Doe of Rylstone、1807年創作）が出版されたが、批評家の評価はあまりよくなく、若者たちも失望した。英国ロマン派第二世代の詩人のパーシー・ビッシ・シェリーらは、体制派のジェントルマン階級となり邸宅暮らしをしたワーズワスを堕落したとして批判した。シェリーは特に『逍遥』に失望し、ソネット（"To Wordsworth": "Poet of Nature, thou hast wept to know"）や『ピーター・ベル三世』でワーズワスを嘲笑した。キーツは1817年暮れにロンドンのある午餐会でワーズワスに紹介されたが、ソネットでこの先輩詩人を讃えている（"Great spirits now on earth are sojourning"）。コールリッジとサウジーも同じようにハズリットら若手批評家や新進詩人のバイロンらからその保守化を非難された。1815年にワーテルローの戦いでナポレオン戦争が終わるとワーズワスとその家族はフランスなど大陸に旅することも増え、1822年には『大陸旅行の記念』（Memorials of the Tour on the Continent）を

出版したほか、湖水地方に纏わる『ダッドン川ソネット集』（*River Duddon Sonnets*, 1822）、さらには1810年以来の散文の『湖水地方案内』（*Description of the Scenery of the Lakes*, 1822; Guide to the Lakes, 1835）をしめて5回出版している。当時英国の国内旅行も盛んになり、この『湖水地方案内』はたいそう好評で、人によっては彼を詩人と知らず、このガイドブックの著者としか知らないということもよくあった。

　こうして、ワーズワスは1820年頃から湖水地方の名士と目されるようになりライダル・マウントに多くの訪問者を迎え、社交にふけるようになったが、新たな詩の創作はほとんどなくなっていった。1827年には5巻の全集を出し、1831年には学校用の選集も出版され、彼の詩は教材にも使われるようになった。しかし1831年に友人宛ての手紙の中で「ミューズが私を見捨てた。」とまで書いている。これと裏腹にこの1820年代から30年代以降、さらにヴィクトリア朝に入りワーズワスの名声は最高潮に達し、この時期を文学史的に「ワーズワスの時代」とさえ呼ぶこともあった。ウィリアム4世の寡婦アデレード王太后（Adelaide, Queen Dowager）やアメリカの詩人、思想家のエマスン（Ralph Waldo Emerson）はじめ有名人がライダル・マウントの彼の邸宅を訪問し、ワーズワスはさながら湖水地方の名物の一部となった。しかしこの時期の彼の実質的文学活動は過去の作品の手直し、あるいは改悪が主で、その最たるは1805年にいったん完成した『序曲』への果てしない改作改訂の取り組みであった。また、ワーズワスは栄誉の一方悲劇にも見舞われた。長命であったワーズワスは、名声と栄誉を得たものの、かつての友人や家族の死という避けられない悲劇に直面しなければならなかった。1803年のスコットランド旅行で初めて出会い、その後親交を続けてきたウォルター・スコット（Sir Walter Scott, 1771–1832）がまず亡くなり、1834年には7月にコールリッジ、12月にチャールズ・ラム（Charles Lamb, 1775–1834）が亡くなった。翌年、1835年にスコットを通じて知り合ったスコットランドの羊飼い詩人

ジェームズ・ホッグ（James Hogg, 1770–1835）が亡くなると、ワーズワスは優れたエレジー "Extempore Effusion upon the Death of James Hogg" を書き、この頃亡くなった友人や知人たちに哀悼を表した。一方新たな友人もでき、トマスとマシュー・アーノルド父子が湖水地方に住むようになり、また後世に優れたワーズワス関係のノートを残すことになるイザベラ・フェニックとも知り合いになった。

　1839年には『序曲』の最終的な改訂を済ませ、42年に『青年期初期後期の詩』（*Poems, Chiefly of Early and Later Youth*）を出版後、ワーズワスは印紙販売官の仕事を息子に譲り、辞職した。1843年にはサウジーが亡くなった後、次の桂冠詩人（Poet Laureate）に推挙された。ワーズワスは当初老齢を理由に辞退したが、ヴィクトリア女王の個人的希望の指名だと聞いて受け入れたという。彼がこれ以前この地位を希望したことは全くなかったが、1837年に18歳で即位し、その若さゆえに王位が務まるか危ぶまれながらも、6年後の当時名君ぶりを発揮し始めた若きヴィクトリア女王の願いをかなえることにしたのである。ワーズワスは桂冠詩人らしい仕事はしなかったようだが、その頃に書いた4行詩は当時の時代的価値観をあらかじめ提示したといえる。時代は産業革命が進んでおり、1844年に至るとケンダルからウィンダミアへの鉄道敷設計画が持ち上がった。現代に至りロンドン方面から湖水地方に行くときにはお世話になるこの支線の建設に、ワーズワスは当初強く反対意見を表明したが、この鉄道によりロンドンその他各地の労働者階級の人々まで湖水地方の景観を楽しむことができるようになると推進派は主張した。ワーズワスの真意は湖水地方の環境保全であり、今日のエコロジカルな考え方につながる。ケンダルからウィンダミアまでの鉄道は実現したが、当初のアンブルサイドまでではなく、現在のボウネス近くまでで押しとどめられたのは、建設の困難さが主な理由であったが、特にアンブルサイドからグラスミアを通って鉄道が通ることに危機感を感じたワーズワスの反対が功を奏したともいえる。

　ワーズワスの子供たちの中で生き残った3人のうち、2人の息

第6章　ウェールズ・湖水地方方面

子も大成はしなかった。そこそこの詩人になったコールリッジの息子ハートリー（Hartley Coleridge, 1796–1849）とは対照的だった。ワーズワスの長男ジョンは地区の牧師になり、ウィリーと呼ばれた末子はオックスフォード大学まで行ったが、結局ワーズワスの傍で印紙販売官の補佐を務めたあと 1842年に父の印紙販売官の地位を受け継いだ。

　晩年のワーズワスは突発的に泣き崩れることがよくあったという。せめてもの慰めは、彼が最期を妻に看取られたことである。廃人同様だったが妹ドロシーも彼より長生きした。コールリッジの長男ハートリー・コールリッジは湖水地方に残っていたが、彼も 1849年1月に亡くなった。ハートリーの葬儀の前日に、ワーズワスは自らと妻の墓をグラスミア教会墓地に用意させたという。1850年4月23日、ウィリアム・ワーズワス、80歳の誕生日を過ぎて間もなく亡くなる。命日はシェイクスピアと同じ日。ドロシーは5年後1855年、妻メアリは1859年に亡くなった。1850年『序曲』（*The Prelude*）を没後出版。ヴィクトリア朝13年目のことだった。

　ワーズワスの主な作品は『抒情民謡集』（1798, 1800–1805）と1807年の『二巻詩集』、および『序曲』（1805–1850）に集約されるといっていいが、これ以外にもワーズワスはその長い人生に多くの詩と散文の作品を創作しており、その総量は当時の一般的詩人の1.5倍から2倍くらいはあるといわれている。彼の生前には抒情詩の他、『逍遥』が最もよく読まれたようだが、彼の評価が高まったのは生前は中小の抒情詩、没後はそれに加え『序曲』ゆえだと言っていい。『序曲』（*The Prelude*, 1805, 1850）はもともとワーズワスが親友コールリッジに自らの半生を語りかける目的で書き始められ、1805年にいったん完成された。草稿段階でコールリッジをはじめ多くの友人知人が回覧したが、その後2人の友情が破綻した後も、ワーズワスはおびただしい改訂改作を加えたが、その自伝的内容ゆえか彼は生前は出版せず、結局1850年に詩人の没後出版となった。すでにヴィクトリア朝に入って久しい当時以降この1850年版が広

117

く読まれ、徐々に『逍遥』以上の評価を受けるようになった。この作品は1798年に書き始められ、上記の1799年のゴスラー滞在時に進められて以来、詩人自身の草稿はじめ改訂過程に浄書を書いて援助した妹のドロシーや妻のメアリ、その他親族やワーズワス自身が雇用した印紙販売公職の事務員まで含めた人々の草稿が残され、20世紀の進む中でこれらをすべて編集する作業が続けられてきた。まず1928年にセリンコート（Ernest de Selincourt, 1870–1943）により1805年版が出版された。これは『抒情民謡集』の頃の清新な抒情性をとどめていると評され、この後20世紀の後半まで1850年版よりも1805年版の評価が高く、主に後者が読まれてきた。しかし20世紀の終わりころになると1850年版も見直され、両者は並列して編纂され対照して読まれることが多くなったと言えよう。20世紀後半から英国ロマン派作品の編纂革命とも呼ばれる展開があったが、その中で「コーネル・ワーズワス」というワーズワス詩の学術叢書が出版された。この『序曲』も1798〜1799年に創作された2部版が The Prelude, 1798–1799（ed. S. Parrish, 1977）として、1805年版が The Thirteen-Book Prelude（ed. M. L. Reed, 1991）、さらに1850年版が The Fourteen-Book Prelude（ed. W. J. B. Owen, 1985）として出版され学術的に決定版となっている。これらの他に20世紀後半から現代にかけてペンギンやオックスフォード・ペーパーバックなどで多くの単独版が出されているが、1805年版と1850年版をページ見開きに組むものが多く、これに1798〜1799年の2部版を冒頭に載せたものもある。The Prelude という題はワーズワスがつけたものではなく、1850年の没後出版時に付されたものである。しかし1814年に『逍遥』が公開された時にワーズワスは前書きでこの詩がすでに完成されていること、そしてそれが『隠者』の第一部を成すことを示唆している。しかしアメリカの英文学者ケネス・ジョンストンによると『隠者』の第一部は1888年に没後発表となる Home at Grasmere と1808年の The Tuft of Primroses がその一部をなす予定であったが未完成のままで、第二部が『逍遥』、第三部は全く書

かれなかったといい、『序曲』は文字通りこれら三部作全体の序に
なる、礼拝堂前室（'ante-chapel'）ないしは玄関先柱廊（portico）
のごときものだったと述べている（*The Cambridge Companion to
Wordsworth*, ed. Stephen Gill, 2003, 70–71）。『隠者』全体の構想がい
かに膨大なものであったかがうかがわれる。しかし『序曲』は玄関
先柱廊とか礼拝堂前室に例えるにはあまりにも大作で深遠、ある意
味難解な抒情的叙事詩であり、ワーズワスの前半生の魂の成長を物
語る傑作である。

　21世紀の現代にはワーズワス研究において18世紀以来の英国旅
行文化とのかかわりを外すことはできない。彼が５度ほど出版した
「湖水地方案内」関連の書物のみならず、ワーズワスは家族ととも
にスコットランドはもちろん、ワーテルロー以降は1790年、1791
〜1792年、1802年以来の大陸旅行もしており、これらの旅ごとに
詩作をして、出版に至っているので、これらの旅と詩作について考
える必要があるが、従来後半生の詩に評価が高くなかったのであま
り目に留まる研究は行われていないといってよい。今後の研究の進
展が望まれる。

　湖水地方を再び訪れることになった宏と純子はこれに備えて、ポ
ターとワーズワスのことを予め勉強していた。彼らの著書をいくつ
か読了していた。

　まず、ワーズワスについては、湖水地方のグラスミア湖近くのタ
ウン・エンドに居を構えた、タヴ・コテージを見学し、また隣接す
るワーズワス博物館もじっくりと観察した。そのせいか少々疲れた
ので、近くのカフェを見つけて、休憩することにした。宏は、この
ような時には、イギリスの紅茶と菓子を注文する。スコーンを注文
したが、これが絶品であった。

「いやー、こんなにうまいスコーンは食べたことがない。ママはど
うです」と純子に尋ねた。

「本当ね。こんな美味しいスコーンは初めてだわ。しかも、このイ

ギリス紅茶もとても美味しい」と純子も賛同した。

　2人ともすっかりくつろいで、そのカフェには1時間余りも腰を据えていた。

　帰り道、ワーズワスが通った中学校であるワーズワス・グラマースクールに立ち寄って、見学した。

　次いで、ポターが77歳で亡くなるまで住んでいたヒル・トップ（Hill Top）を訪ねて、生前に使っていた広間や寝室を見学し、当時のポターの生活を偲んだ。

　さらに、ベアトリクス・ポター・ギャラリー（Beatrix Potter Gallery）を訪ね、ポターの遺品や原画・写真を収めるギャラリーを見学した。

　2人が泊まったB&Bは、ウインダミア湖（Lake Windermere）を見渡すことができる、眺望のよい高台にあった。しかも、前庭には、ピーターラビットの模型が所々に置かれていた。ここに3泊したが、時間があれば、湖岸を散歩した。

　ところが、3泊後の朝、B&Bをチェックアウトした後、ロンドン方面行きの列車に乗るため、湖岸のバス停留所に行ったところ、当日が休日のため、最寄りの鉄道駅までのバスの便が非常に少なかった。本数の少ないバスを待っていたら、ロンドン方面行きの急行列車に乗り遅れることになりそうだった。

「次のバスを待っていたら、ロンドン方面行きの急行列車に乗り遅れてしまう。ママ、最寄りの鉄道駅まで歩いて行こう。しんどいけど、仕方がない」と宏は提案した。

「バスを待っていたら駄目ね。頑張って歩きましょう。幸いにも、パパは、少々重いが、トランクを引っ張って行くことができるわ。私の方は、荷物が軽いから大丈夫よ」と純子は応じてくれた。

　直ちに歩き始め、40分ほどで、最寄りの鉄道駅にたどり着き、ロンドン方面行きの急行列車に乗ることができた。いささか冷や汗をかいた次第であった。

第6章　ウェールズ・湖水地方方面

［注］

1　ウェールズ大学 ── Wikipedia

2　チェスター ── Wikipedia

3　カーナーヴォン城 ── Wikipedia

4　湖水地方 ── Wikipedia

5　ピーターラビット ── Wikipedia

6　ヘレン・ビアトリクス・ポター ── Wikipedia

7　ウィリアム・ワーズワス ── Wikipedia

井原　宏（いはら　ひろし）

京都大学法学部卒業、ケンブリッジ大学大学院比較法研究課程修了、住友化学法務部長、日本ライセンス協会理事、経営法友会代表幹事、筑波大学大学院教授（社会科学系）、筑波大学大学院ビジネス科学研究科長、明治学院大学法学部教授、明治学院大学学長補佐、弁護士（東京弁護士会）、一般社団法人GBL研究所代表理事会長、筑波大学監事、国際取引法学会代表理事会長を歴任。現在、国際取引法学会名誉会長（創設者）、筑波大学名誉教授、京都大学博士（法学）。

【前著】
『横断人生はおもしろくて楽しい』（東京図書出版）

ケンブリッジ幻想

2025年1月5日　初版第1刷発行

著　　者　井原　宏
発 行 者　中田 典昭
発 行 所　東京図書出版
発行発売　株式会社 リフレ出版
　　　　　〒112-0001　東京都文京区白山 5-4-1-2F
　　　　　電話 (03)6772-7906　FAX 0120-41-8080
印　　刷　株式会社 ブレイン

© Hiroshi Ihara
ISBN978-4-86641-838-4 C0095
Printed in Japan 2025
本書のコピー、スキャン、デジタル化等の無断複製は著作権法上での例外を除き禁じられています。本書を代行業者等の第三者に依頼してスキャンやデジタル化することは、たとえ個人や家庭内での利用であっても著作権法上認められておりません。

落丁・乱丁はお取替えいたします。
ご意見、ご感想をお寄せ下さい。